Arnold Wohler

Kammermusik
in unterschiedlichen Besetzungen

Bibliografische Informationen der Deutschen Nationalbibliothek:
Die Deutsche Nationalbibliothek verzeichnet diese Publikation in der
Deutschen Nationalbibliografie; detaillierte bibliografische Daten sind
im Internet über dnd.dnd.de abrufbar.

Copyright ©Arnold Wohler
Herstellung und Verlag: BoD - Books on Demand, Norderstedt

ISBN: 978-3-7543-1627-6

Kammermusik
in unterschiedlichen Besetzungen

In diesem Band habe ich
"Kammermusik in unterschiedlichen Besetzungen"
von mir zusammengestellt.
Kompositorisch handelt es sich hierbei um
12-Ton-Stücke (Stück für Kammerorchester, Quintett)
und um seriell organisierte Tonstücke (Stück für 27 Streicher,
Kleines Streichquartett, Klavierquintett).

Inhalt:

"Watching the blood"
Stück für 27 Streicher

I. Lento molto tranquillo

Agitato

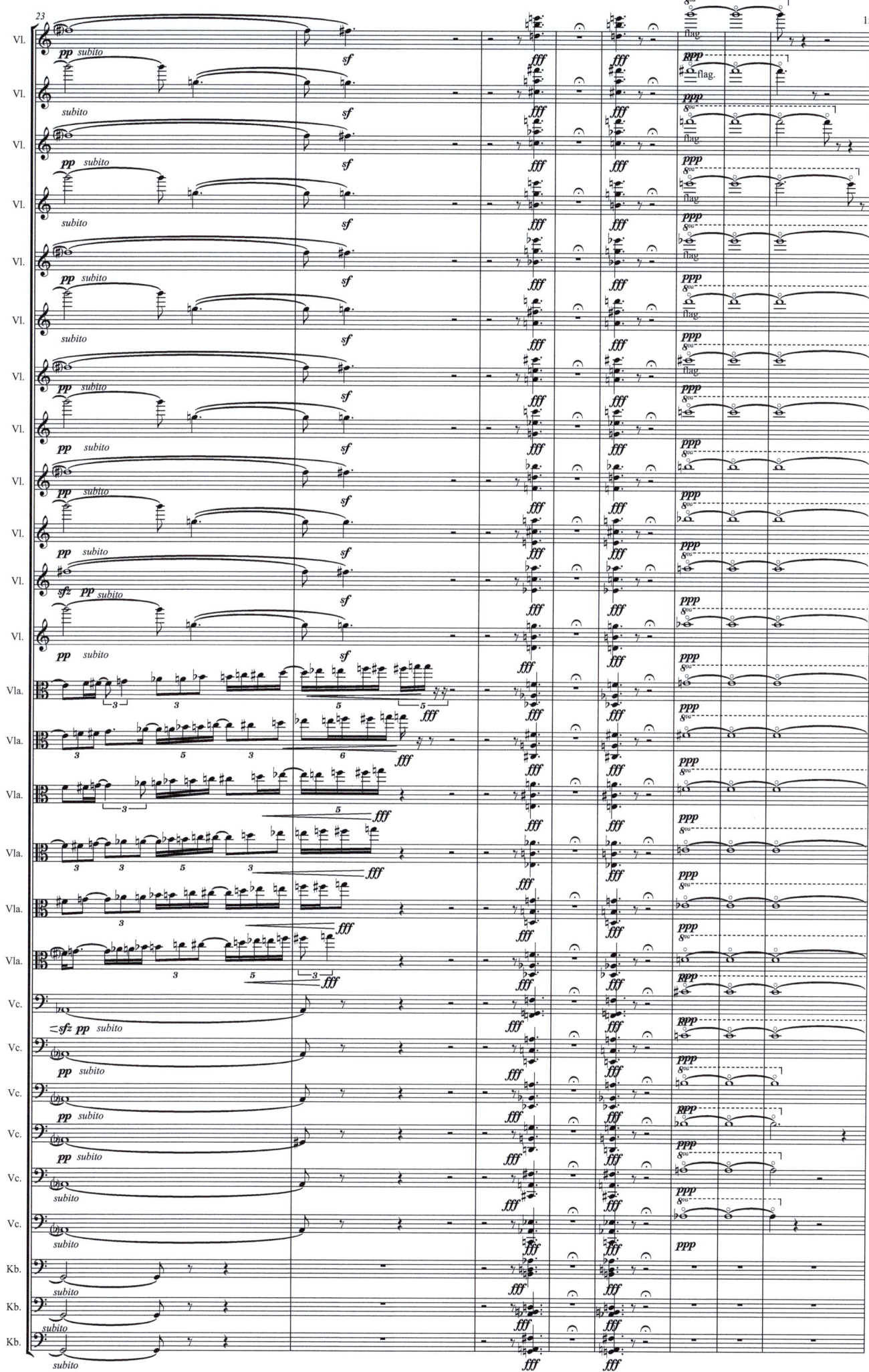

31
Vl.
nat.
pp
Vla.
Vc.
Kb.
wild und heftig;
stets breit und agressiv gestrichen
ff

36
Vl.
Vl.
Vl.
Vl.
Vl.
Vl.
Vl.
Vl.
Vl.
Vl.
Vl.
Vl.
Vla.
Vla.
Vla.
Vla.
Vla.
Vla.
Vc.
Vc.
Vc.
Vc.
Vc.
Vc.
Kb.
Kb.
Kb.
ff
breit gestrichen und stark akzentuiert
wild und heftig;
stets breit und agressiv gestrichen

III. Andante silenzioso

Stück für Kammerorchester

Larghetto

Allegretto

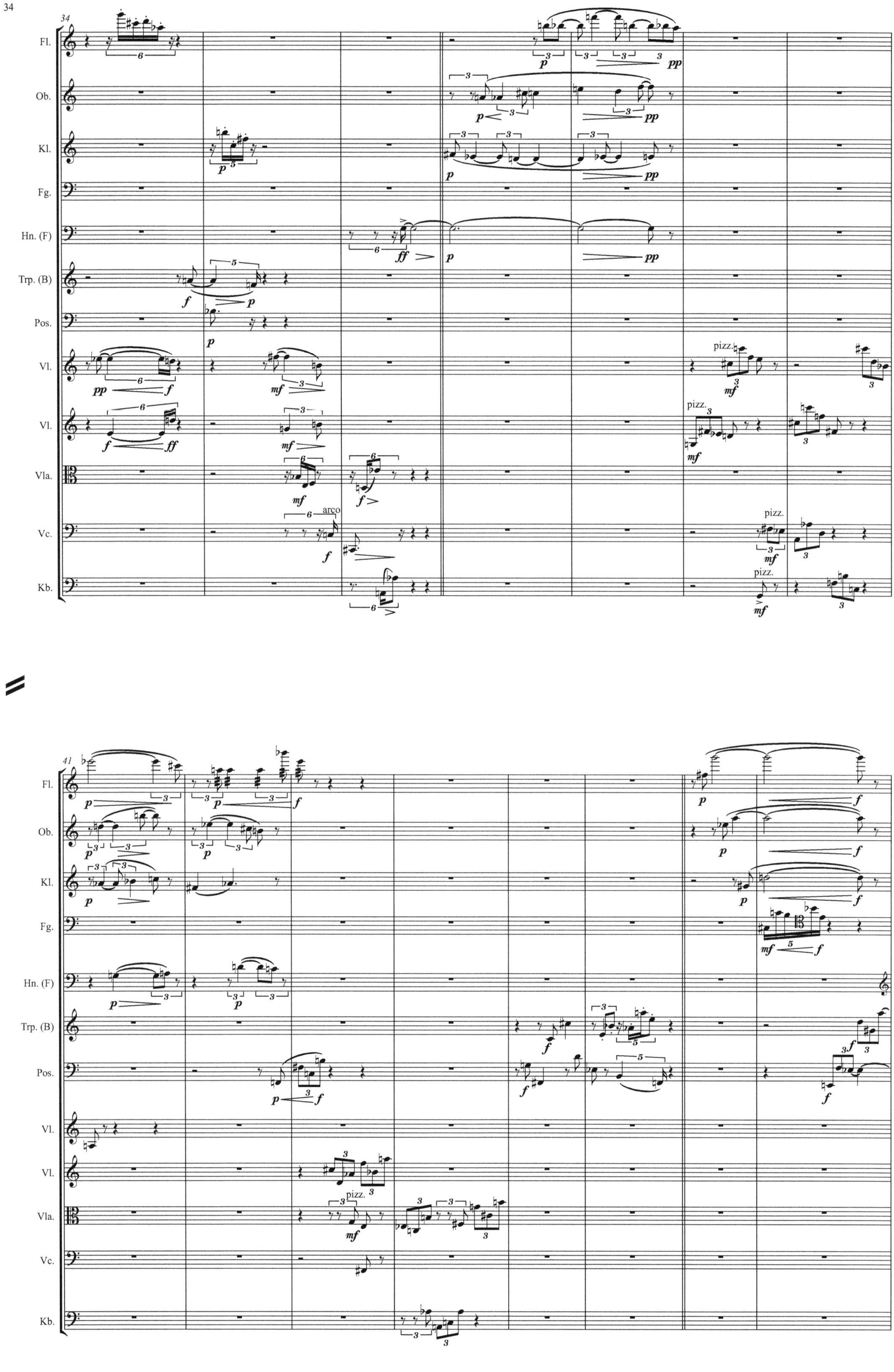
34
Fl.
Ob.
Kl.
Fg.
Hn. (F)
Trp. (B)
Pos.
Vl.
Vl.
Vla.
Vc.
Kb.
pizz.
arco
41

49
Fl.
Ob.
Kl.
Fg.
Hn. (F)
Trp. (B)
Pos.
Vl.
Vl.
Vla.
Vc.
Kb.
arco
sul pont.
pizz.
p dolce
58
Fl.
Ob.
Kl.
Fg.
Hn. (F)
Trp. (B)
Vl.
Vl.
Vla.
Vc.
Kb.
arco
pizz.

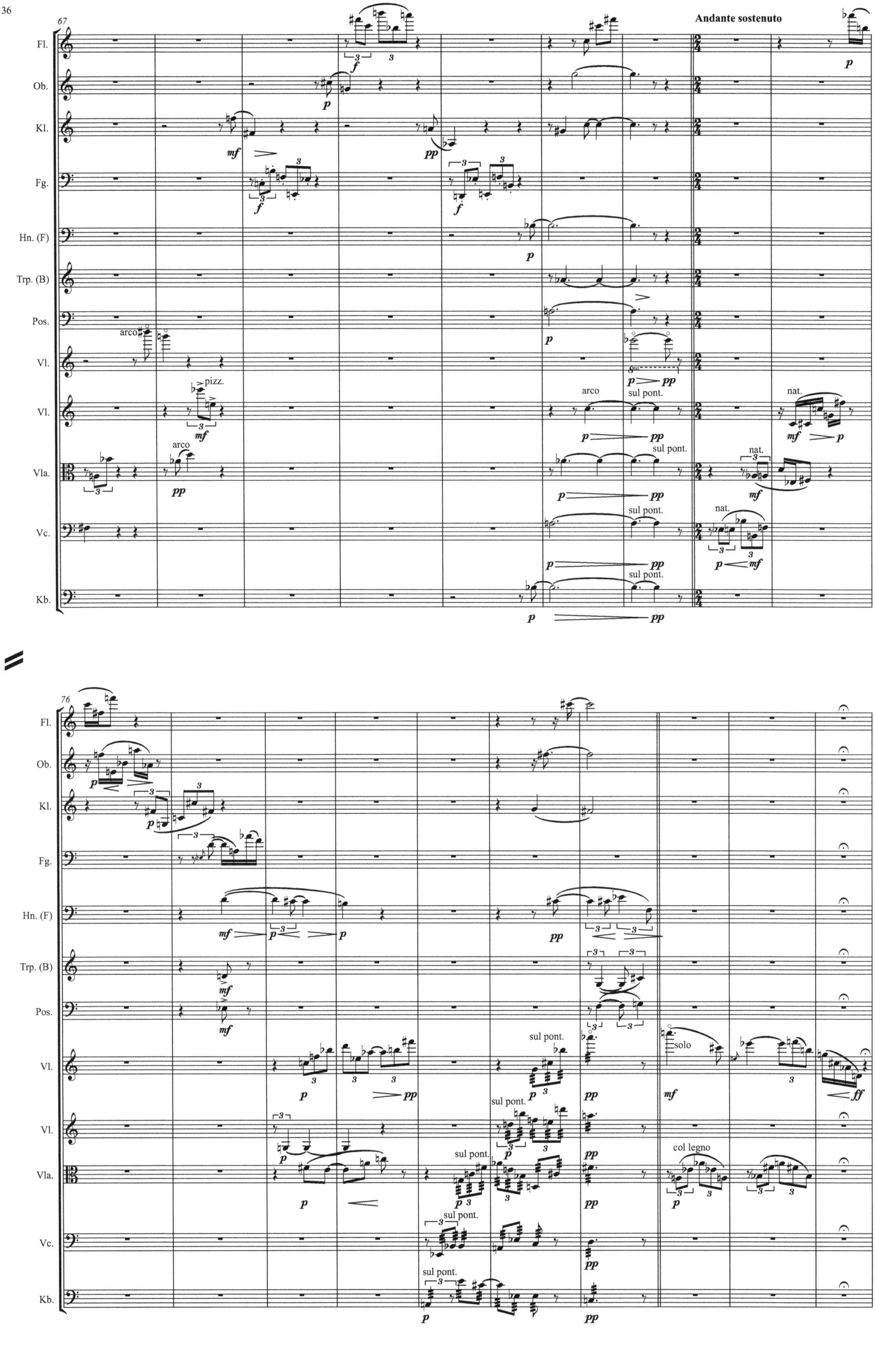
67
Andante sostenuto
Fl.
Ob.
Kl.
Fg.
Hn. (F)
Trp. (B)
Pos.
Vl.
Vl.
Vla.
Vc.
Kb.
arco
pizz.
sul pont.
nat.
76
solo
col legno

86
Fl.
Ob.
Kl.
Fg.
Hn. (F)
Trp. (B)
Pos.
Vl.
Vla.
Vc.
Kb.
nat.
nat.
nat.
flag.

97
Fl.
Ob.
Kl.
Fg.
Hn. (F)
Trp. (B)
Vl.
Vl.
Vla.
Vc.
Kb.
flag.
pizz.
pizz.
arco

Moderato con spirito

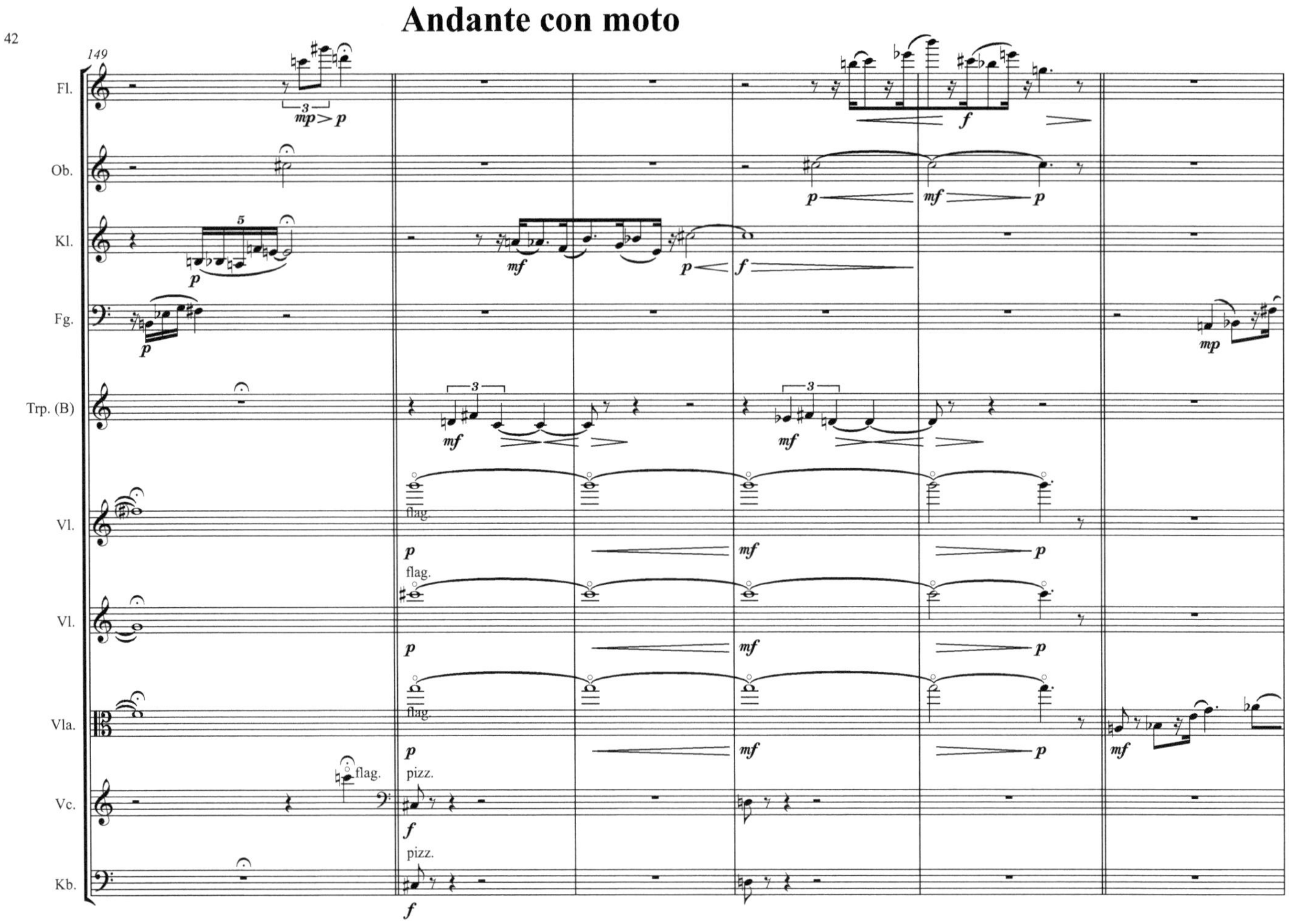
Andante con moto
149
Fl.
Ob.
Kl.
Fg.
Trp. (B)
Vl.
flag.
Vl.
flag.
Vla.
flag.
Vc.
flag.
pizz.
Kb.
pizz.

155
Fl.
Ob.
Kl.
Fg.
Hn. (F)
Pos.
Vla.

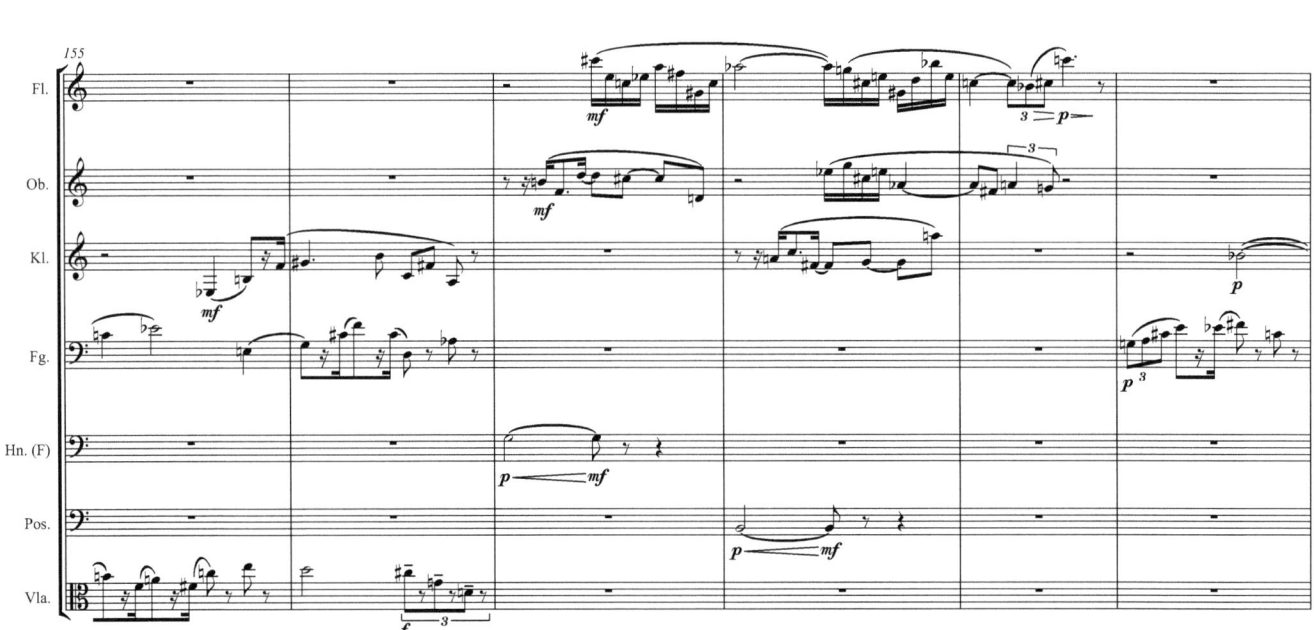

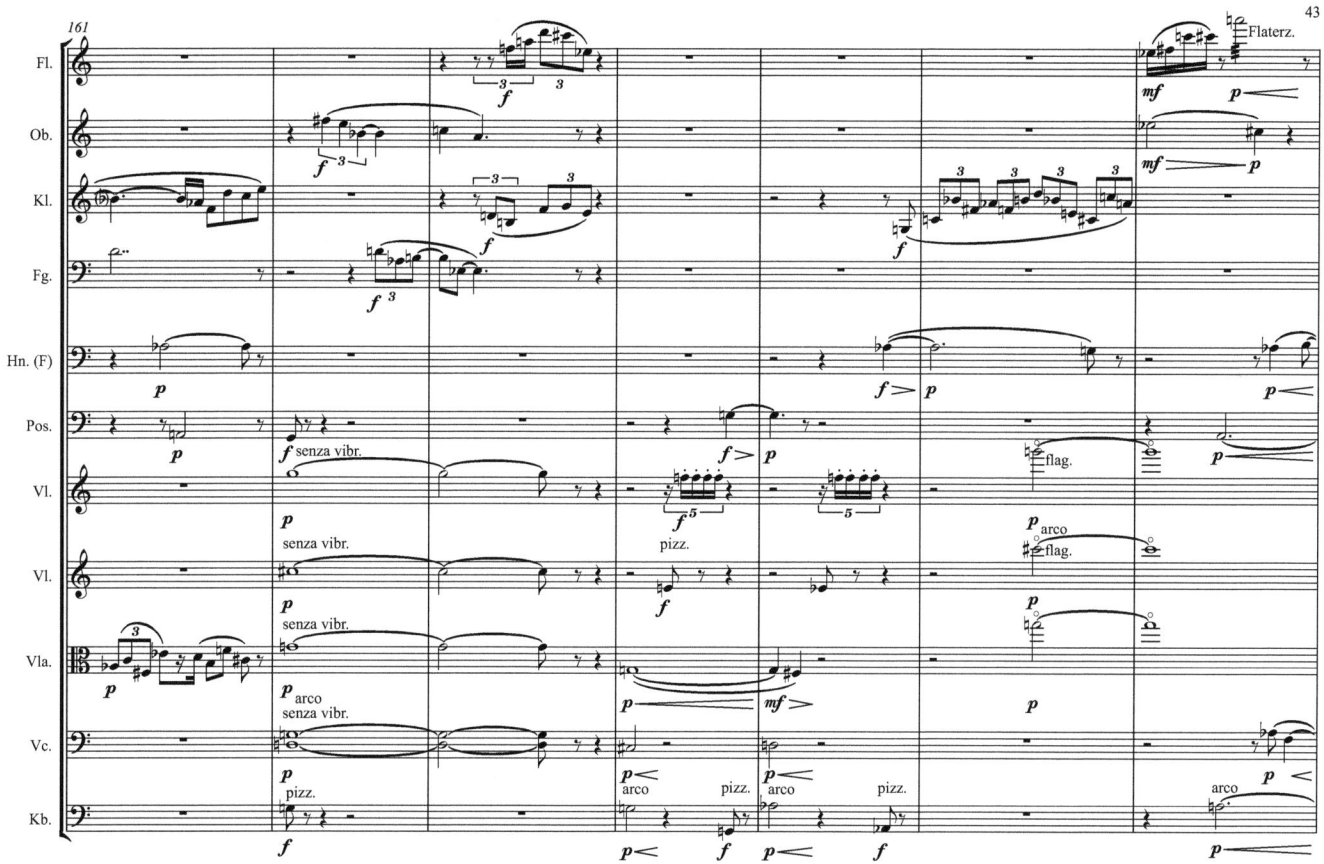

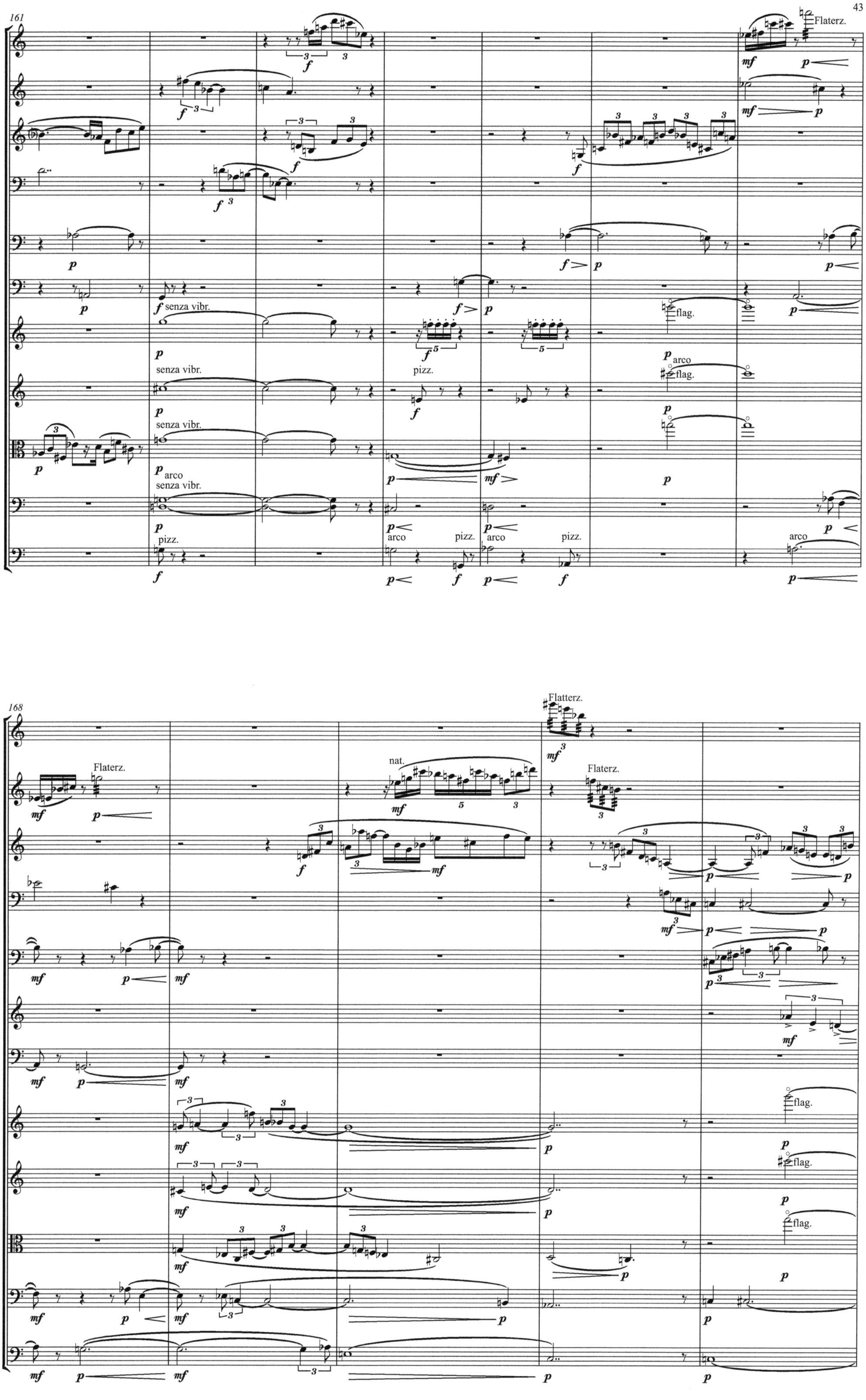
161
Fl.
Ob.
Kl.
Fg.
Hn. (F)
Pos.
Vl.
Vl.
Vla.
Vc.
Kb.
Flaterz.
senza vibr.
senza vibr.
arco
senza vibr.
pizz.
arco
pizz.
flag.
arco
flag.
168
Trp. (B)
nat.
Flatterz.

Kleines Streichquartett

Sehr bewegt

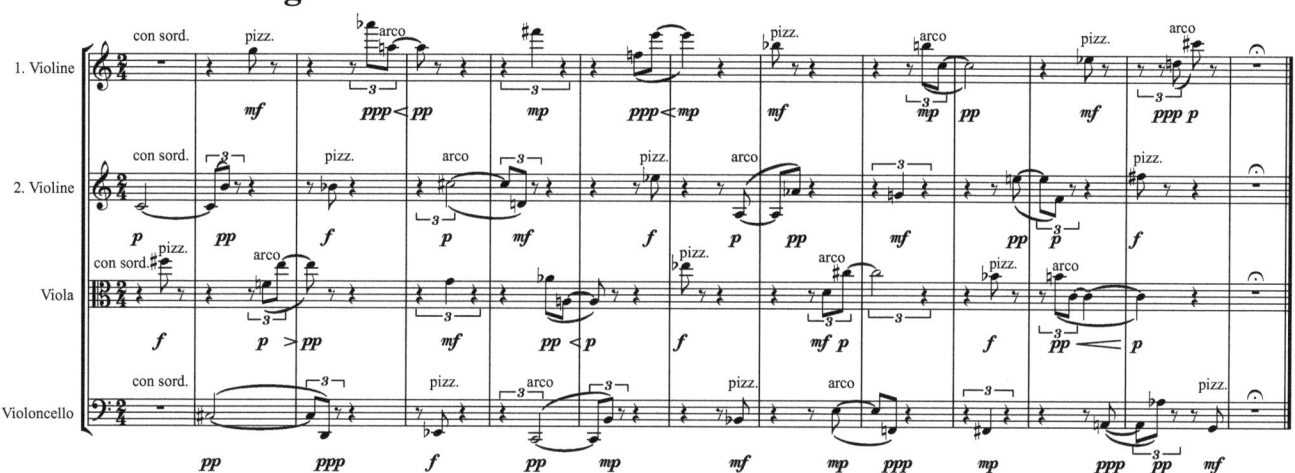

Leicht bewegt

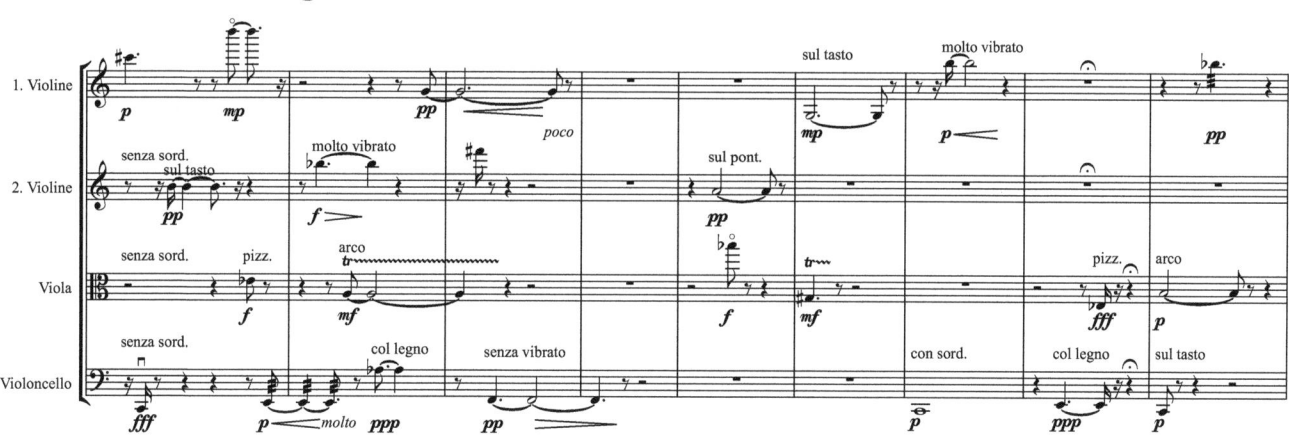

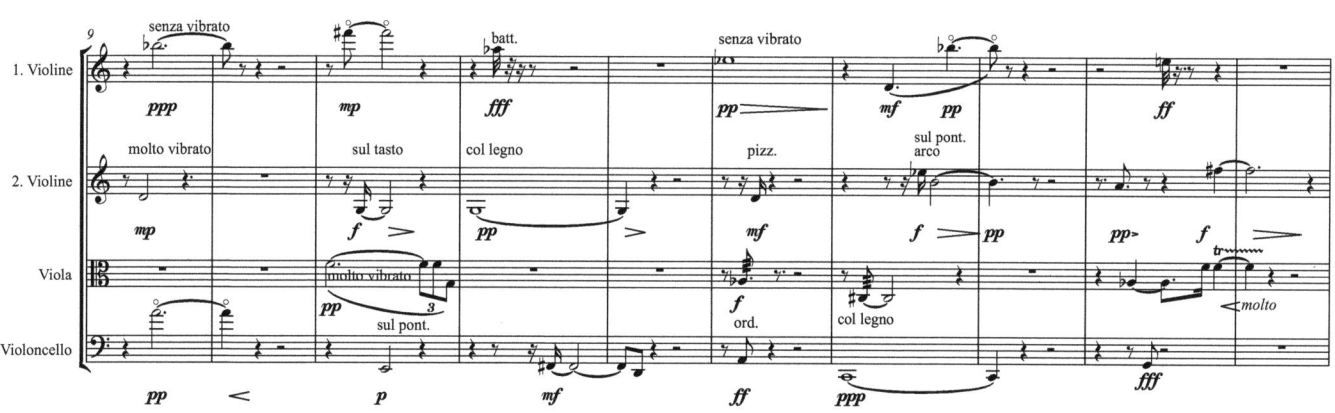

Etwas lebhaft

Langsam

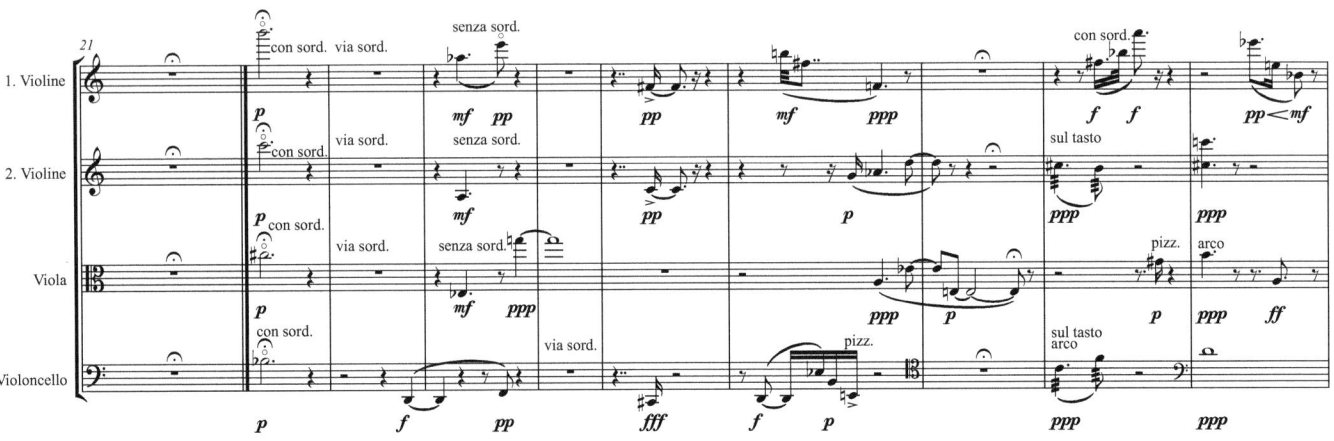

"Lichtzirkel"
circle of light

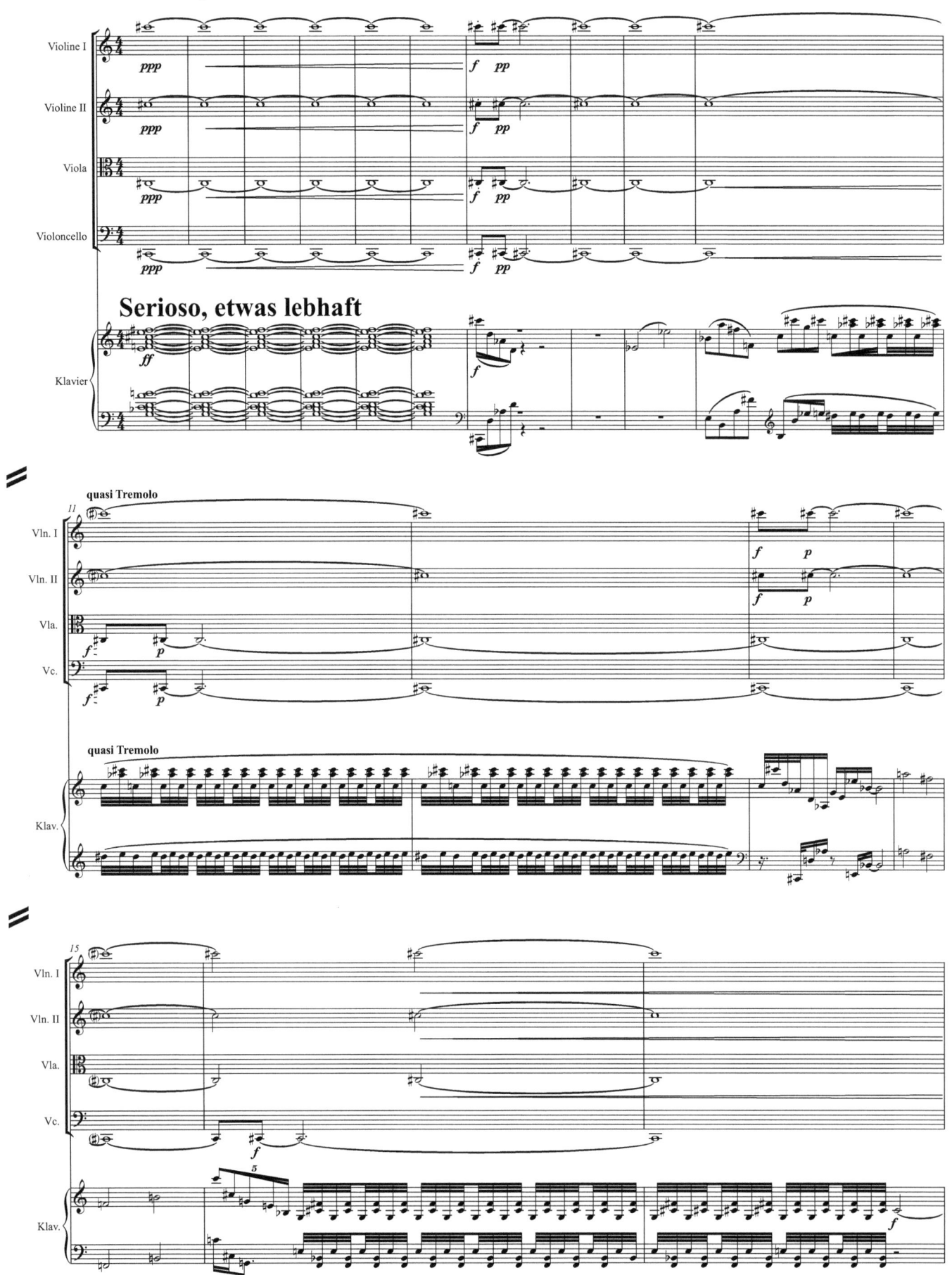

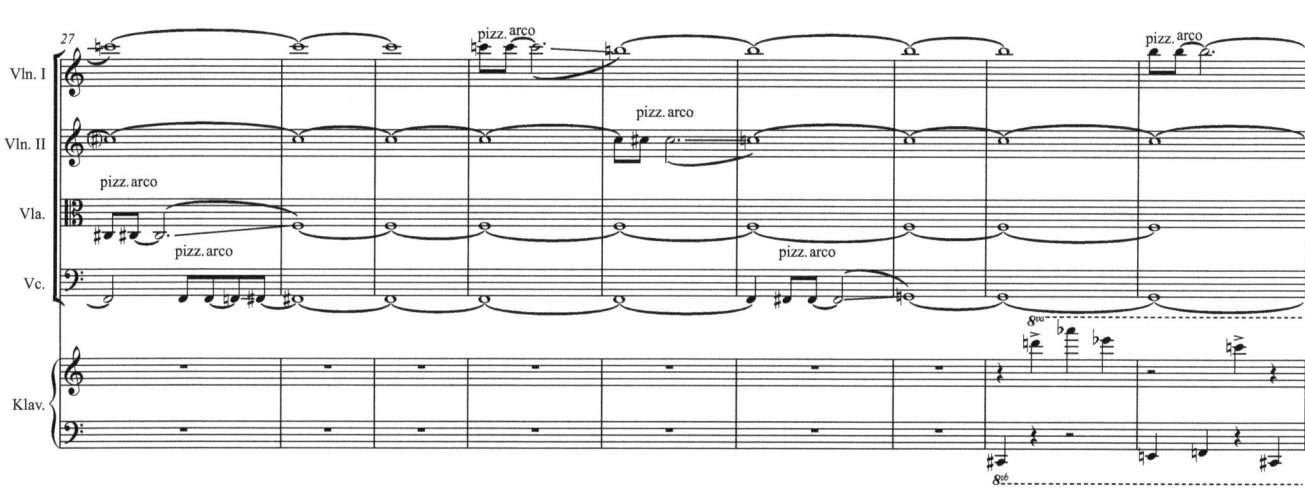

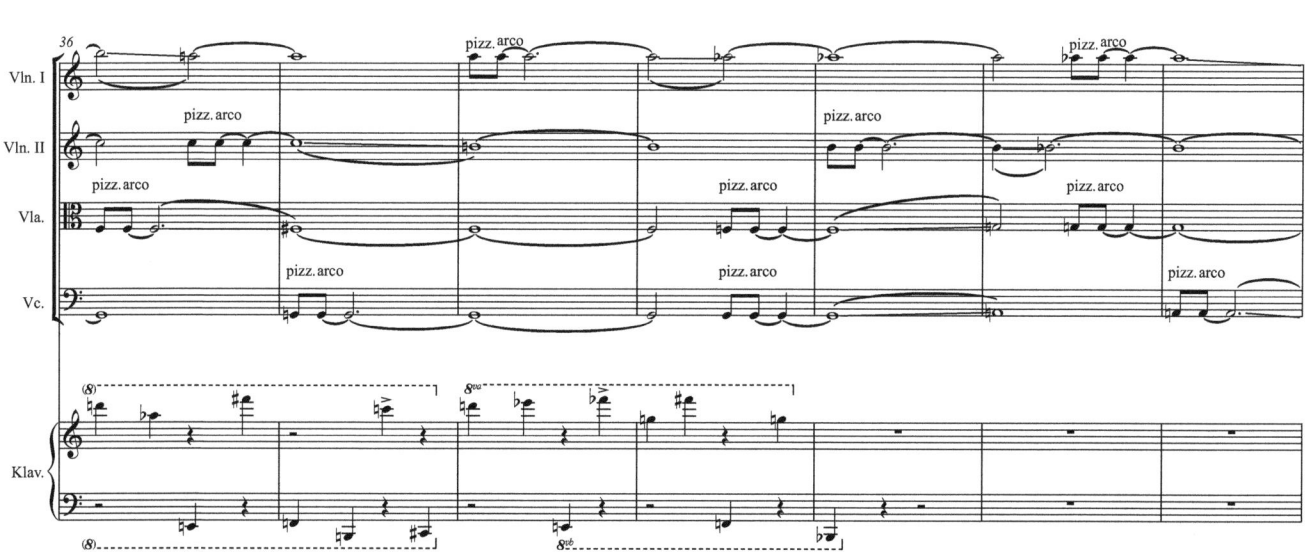

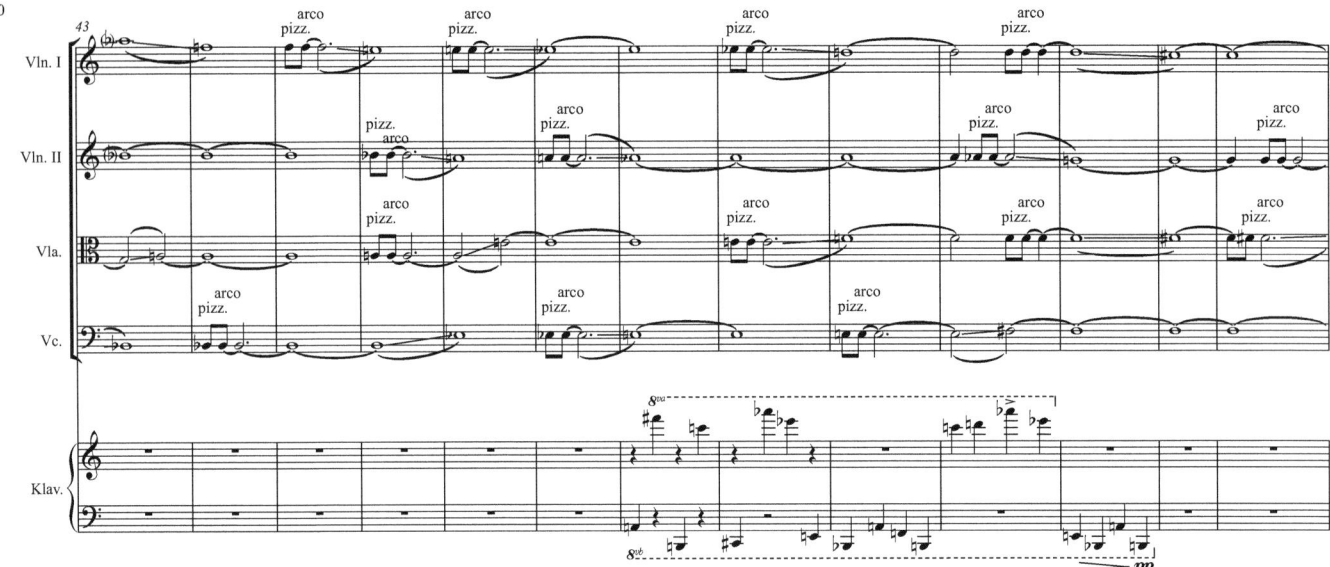

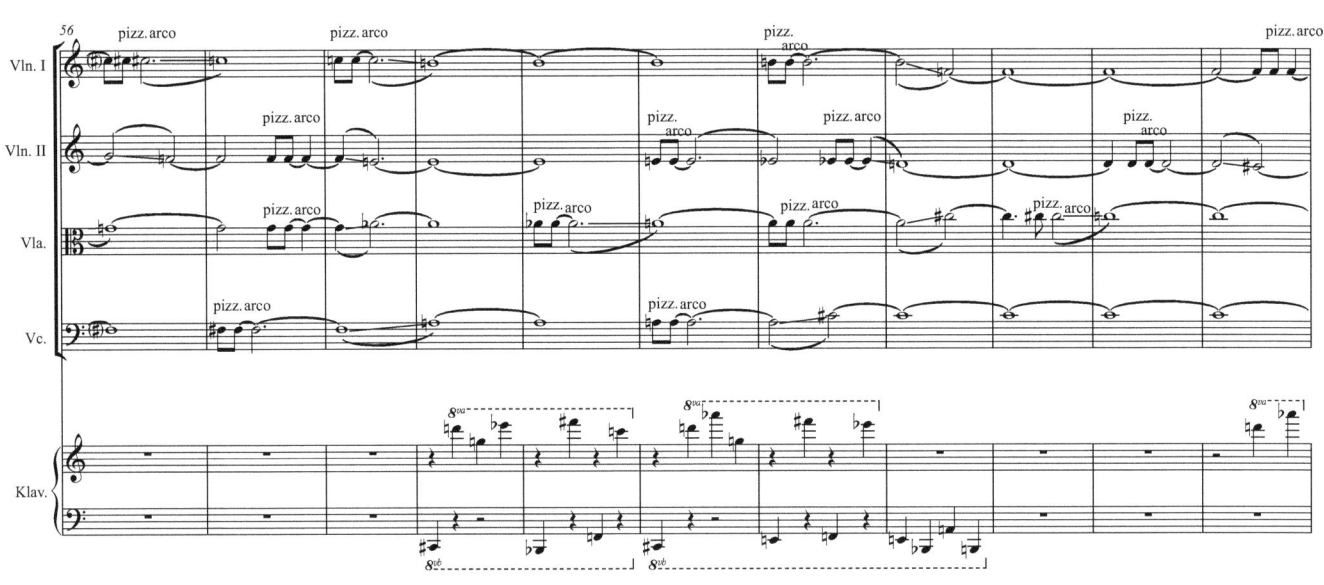

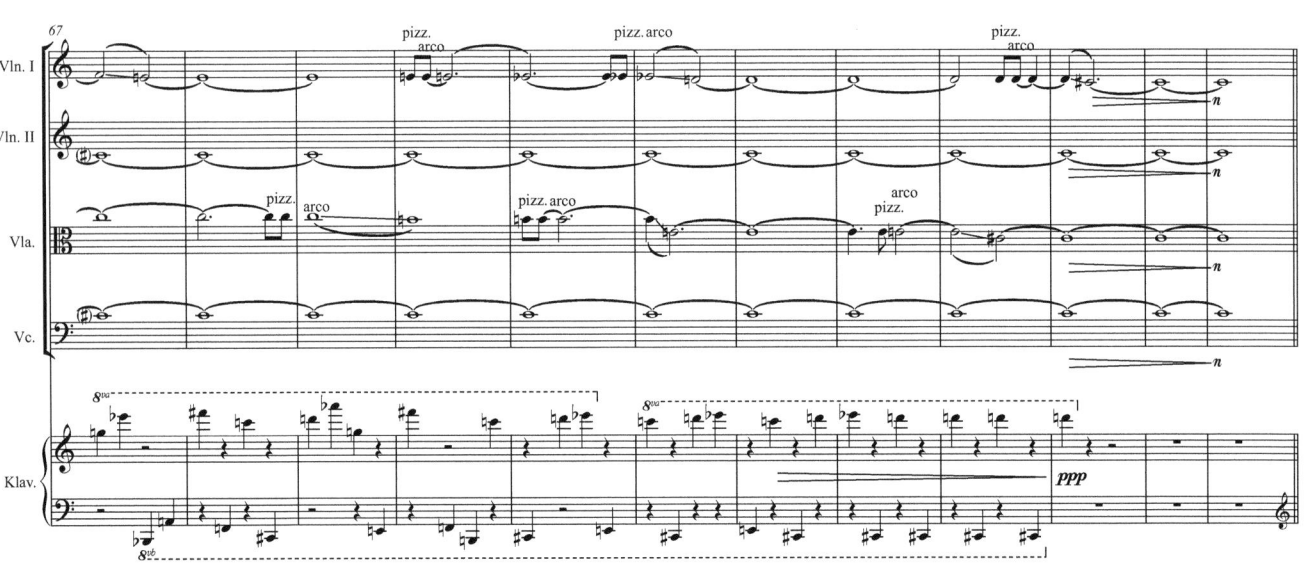

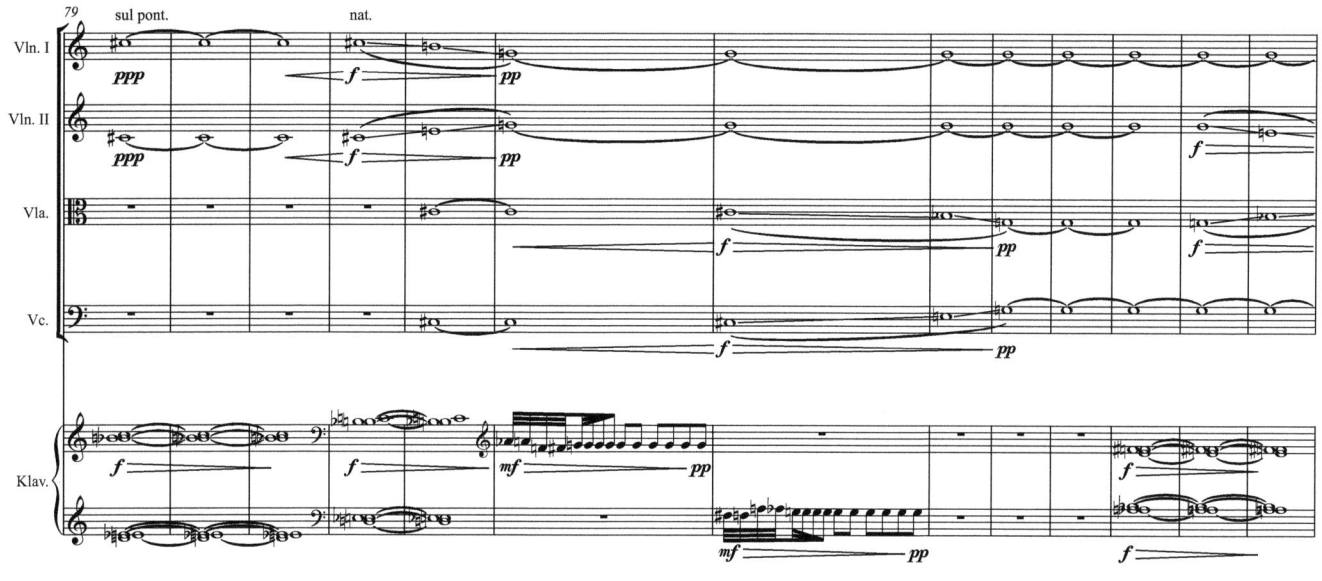

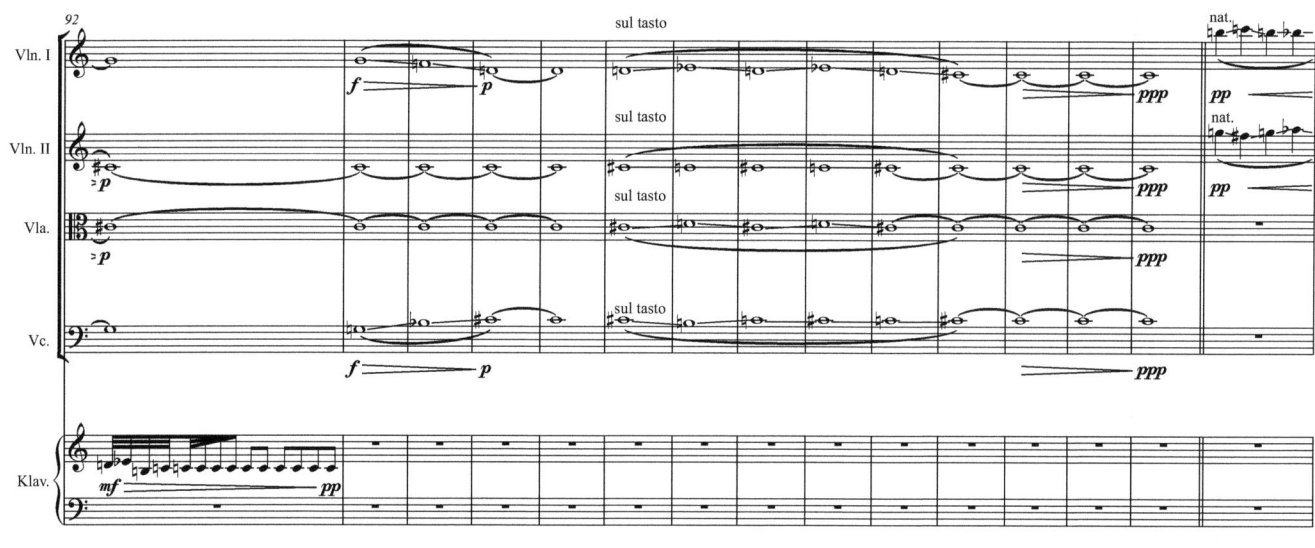

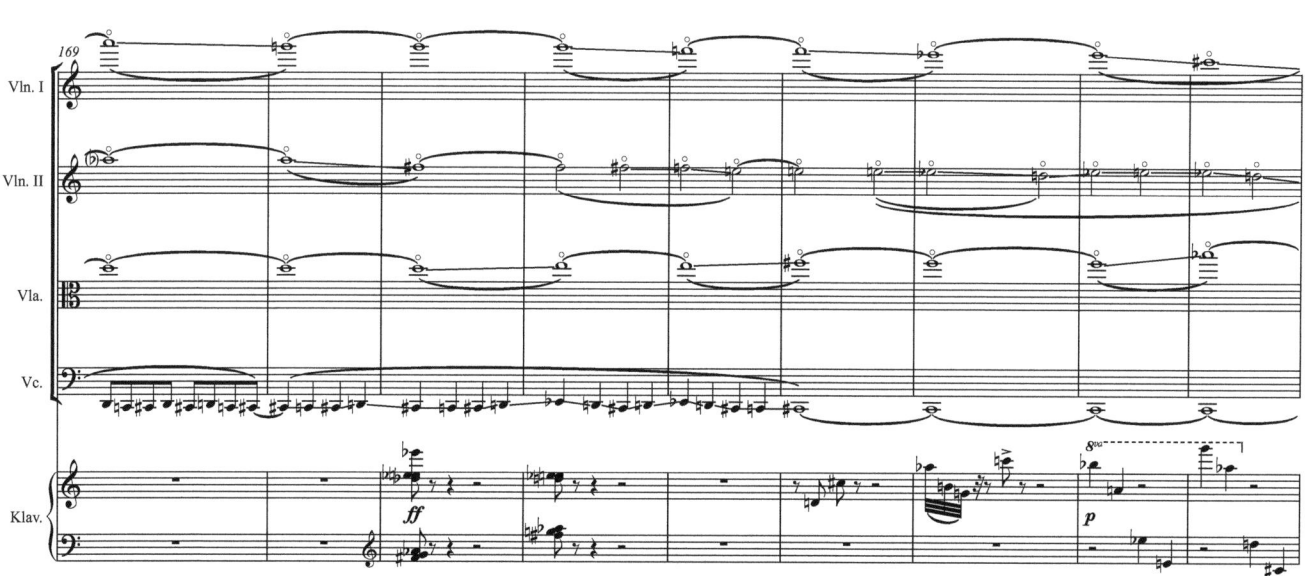

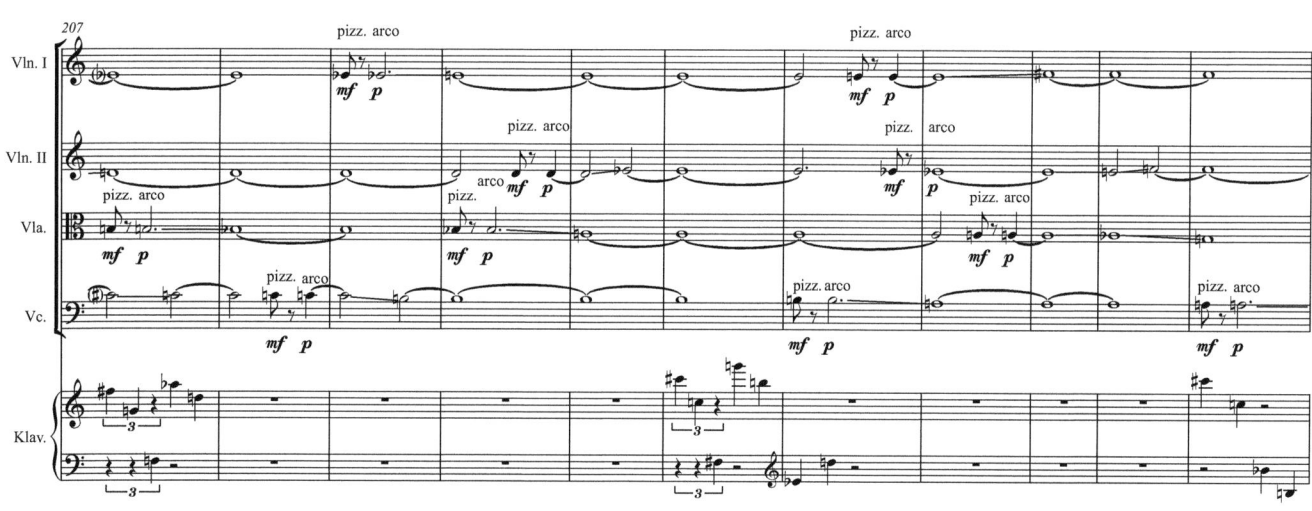

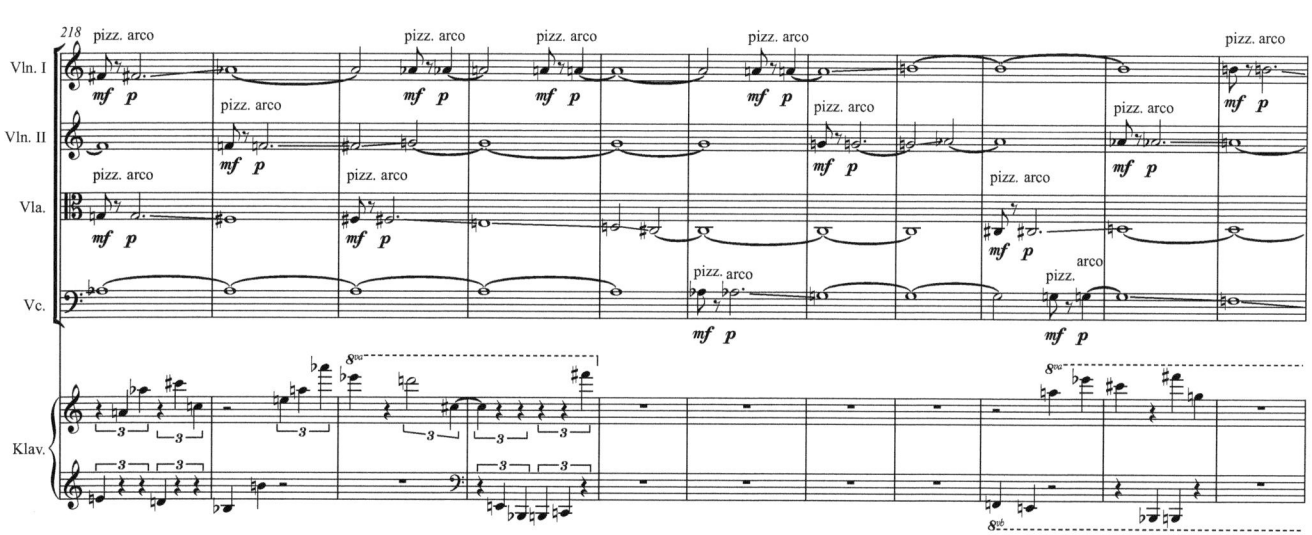

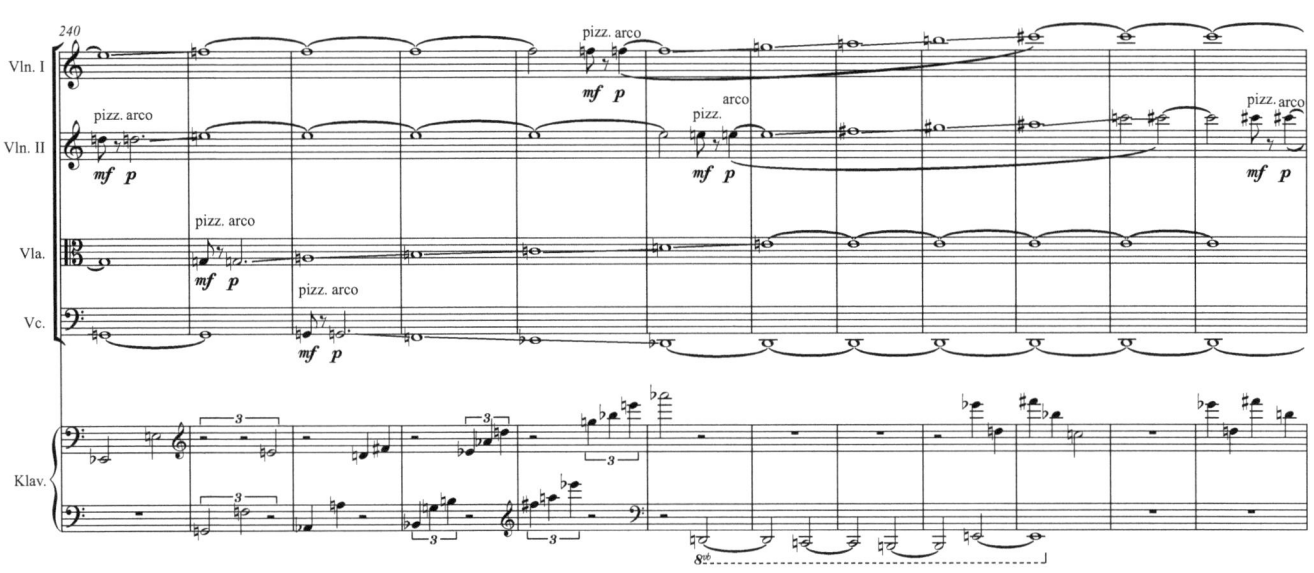

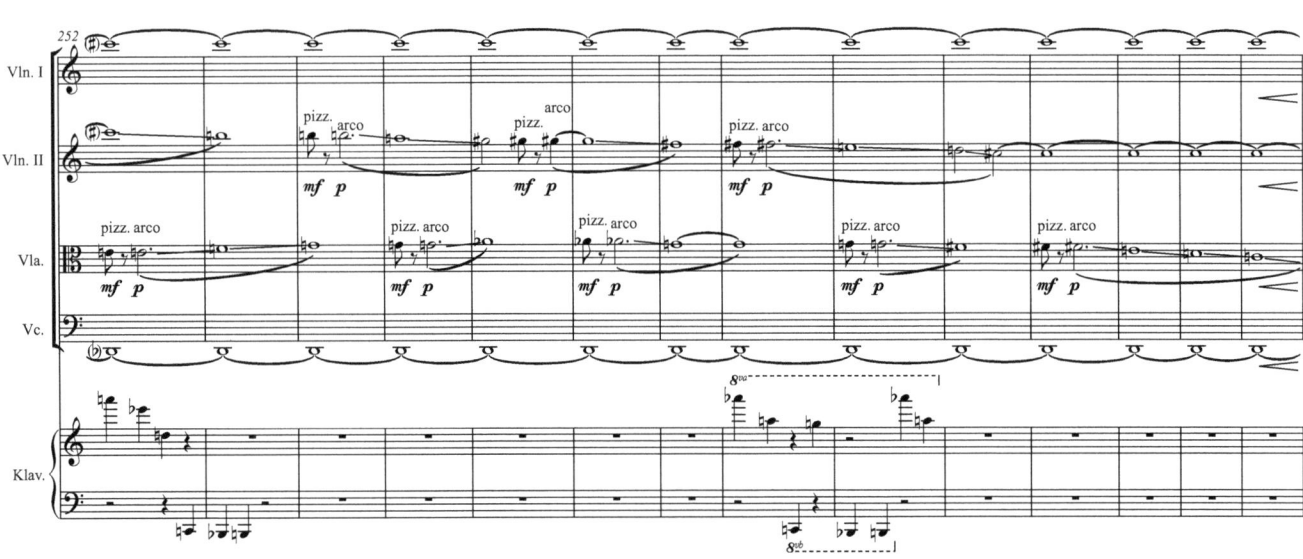

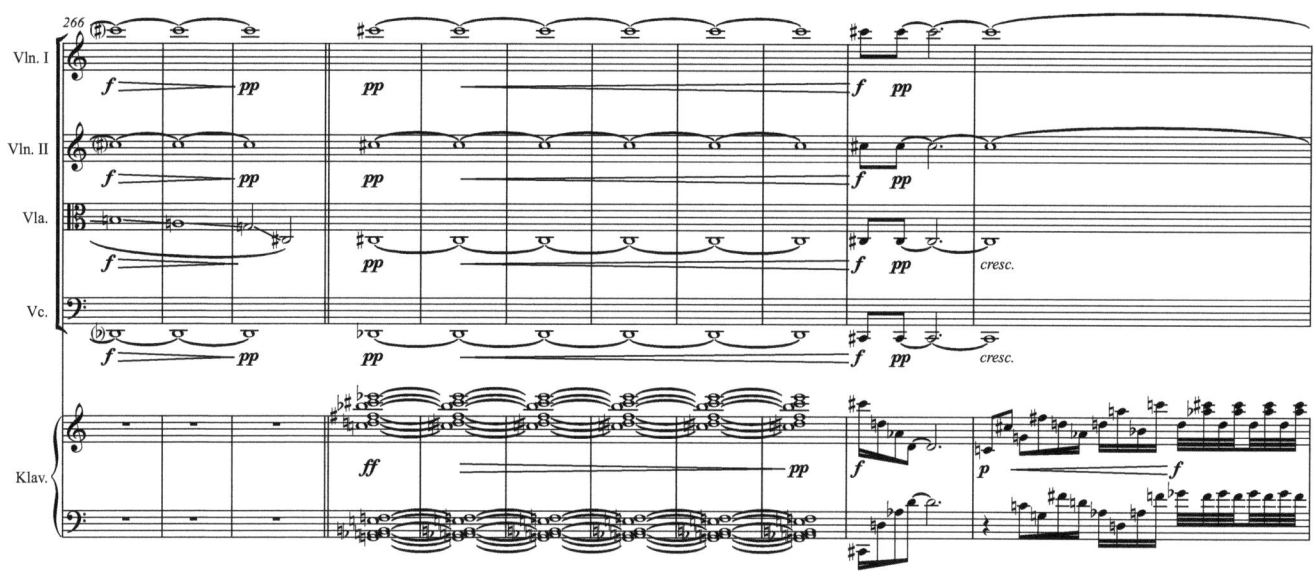

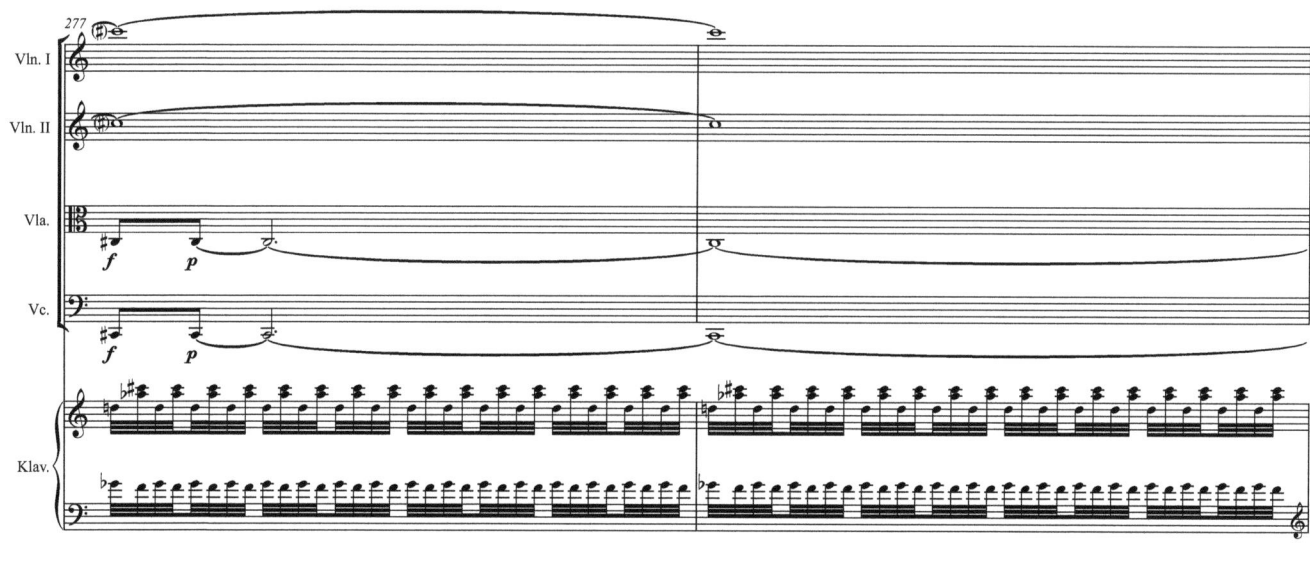

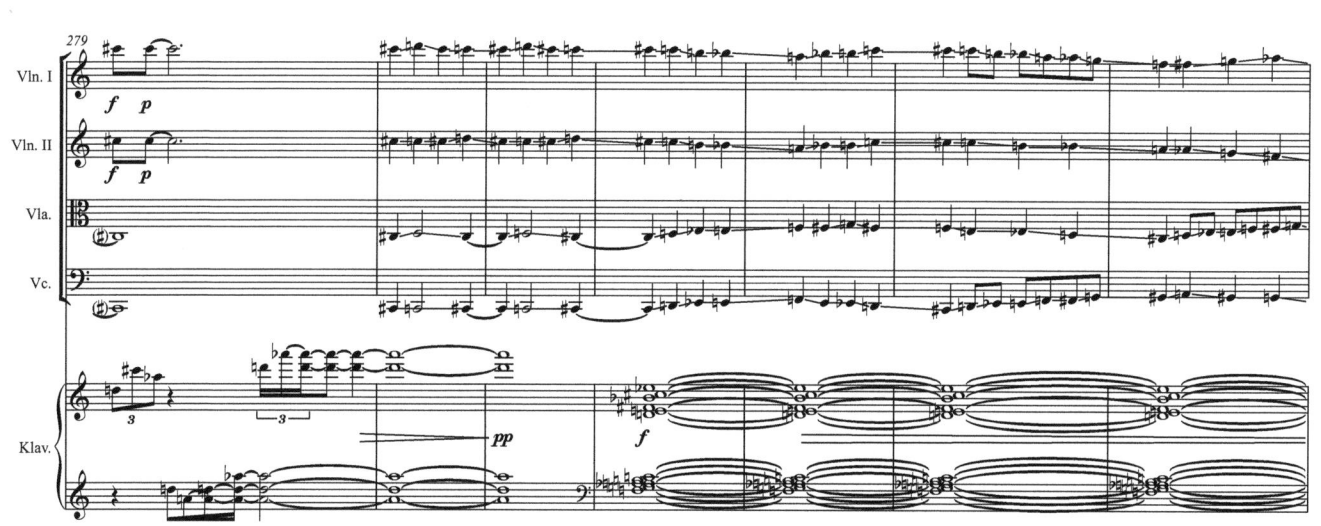

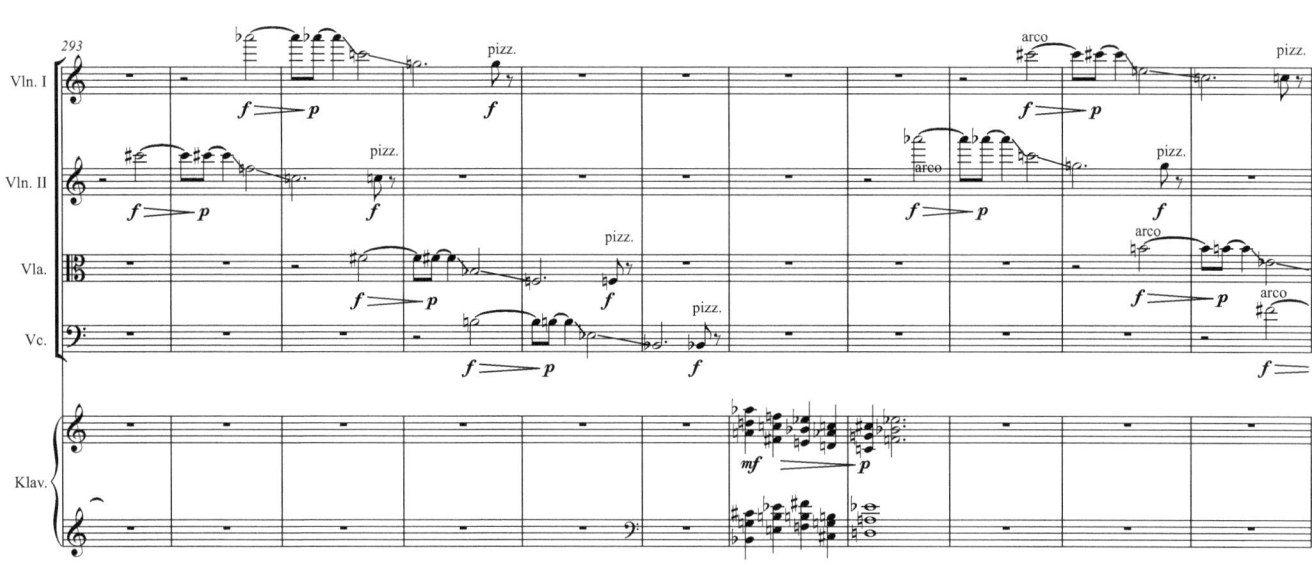

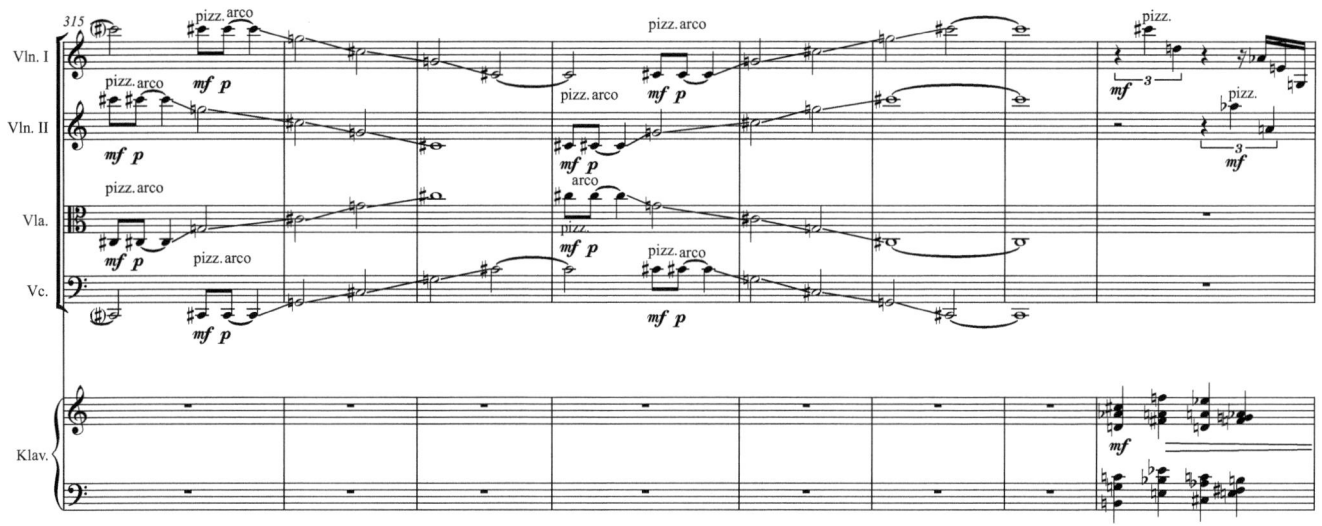

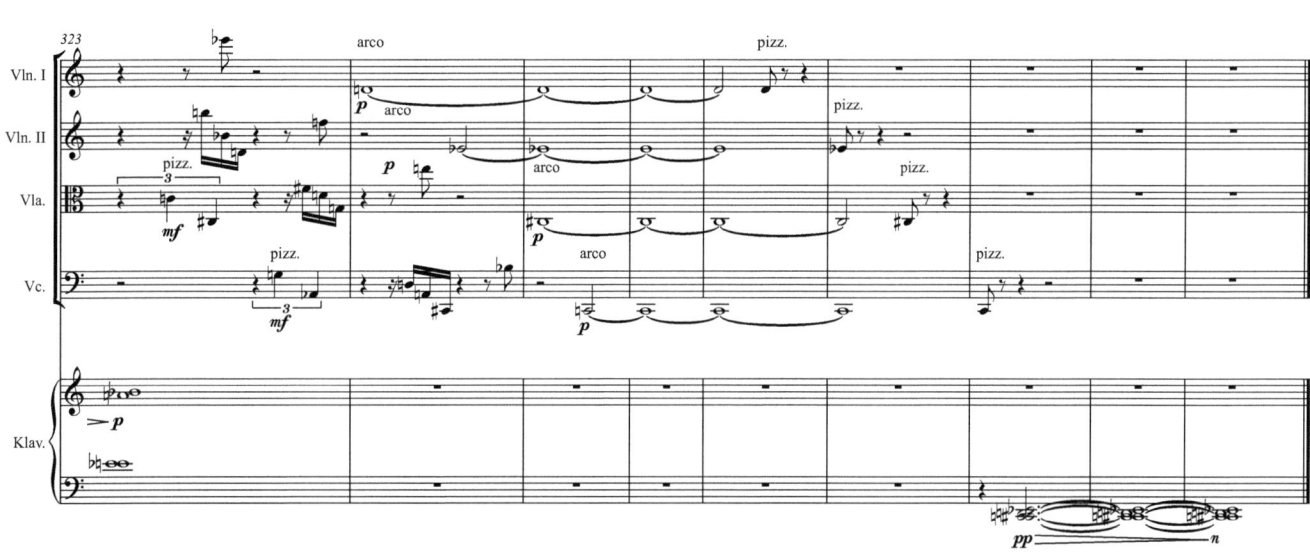

Quintett für Flöte, Geige, Gitarre, Klavier und Violoncello

I. Moderato

I. Moderato

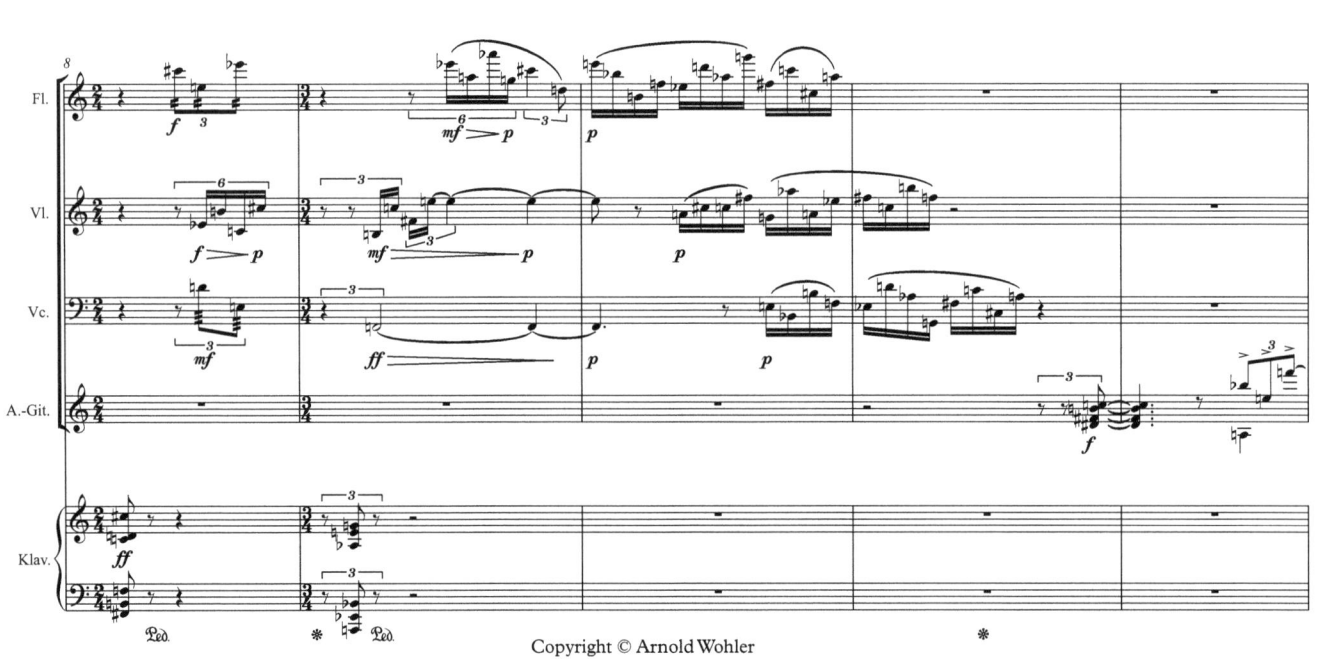

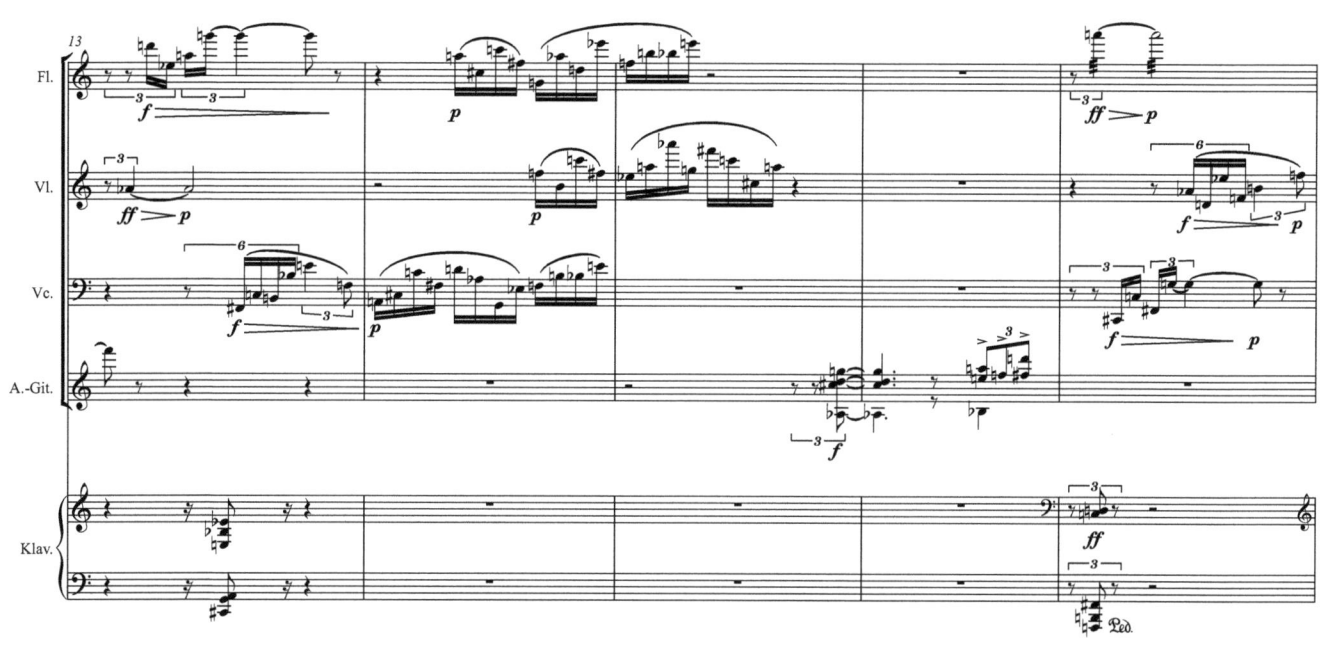

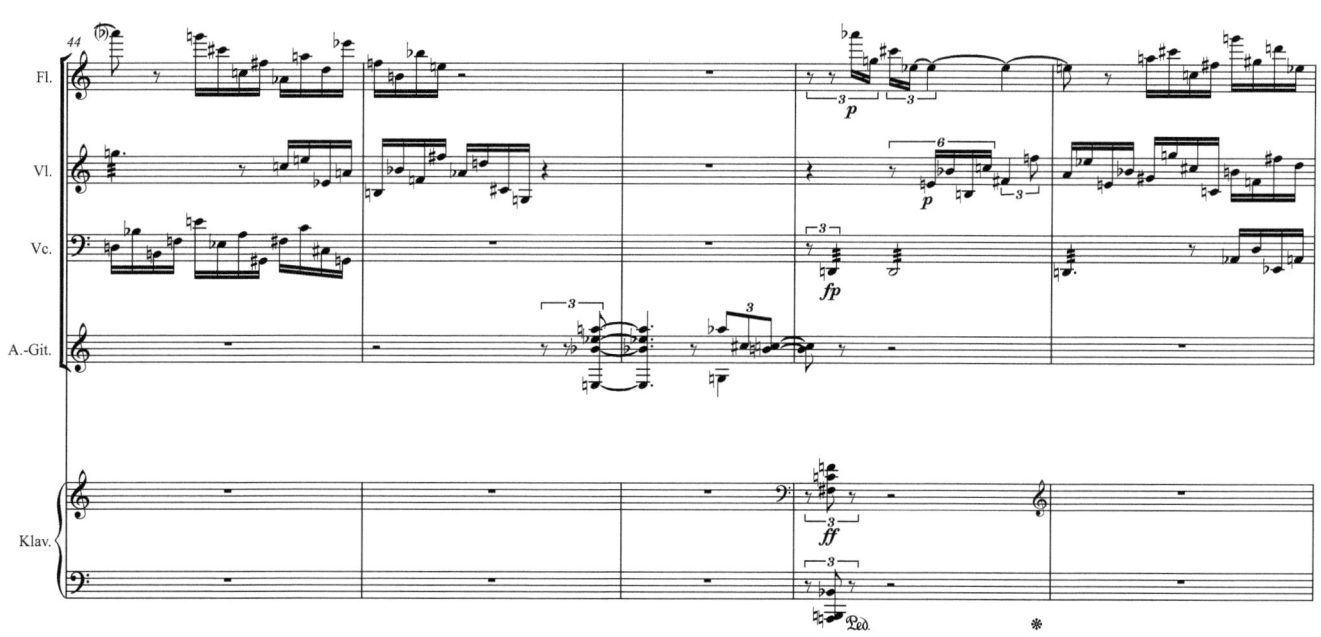

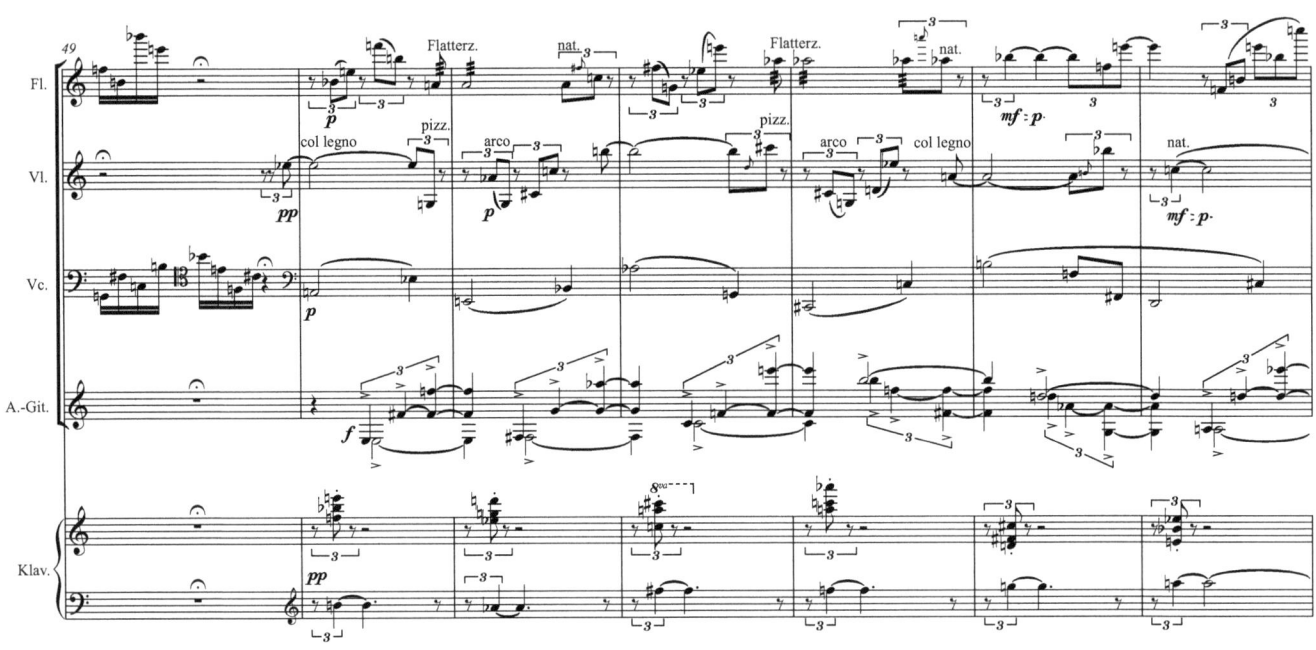

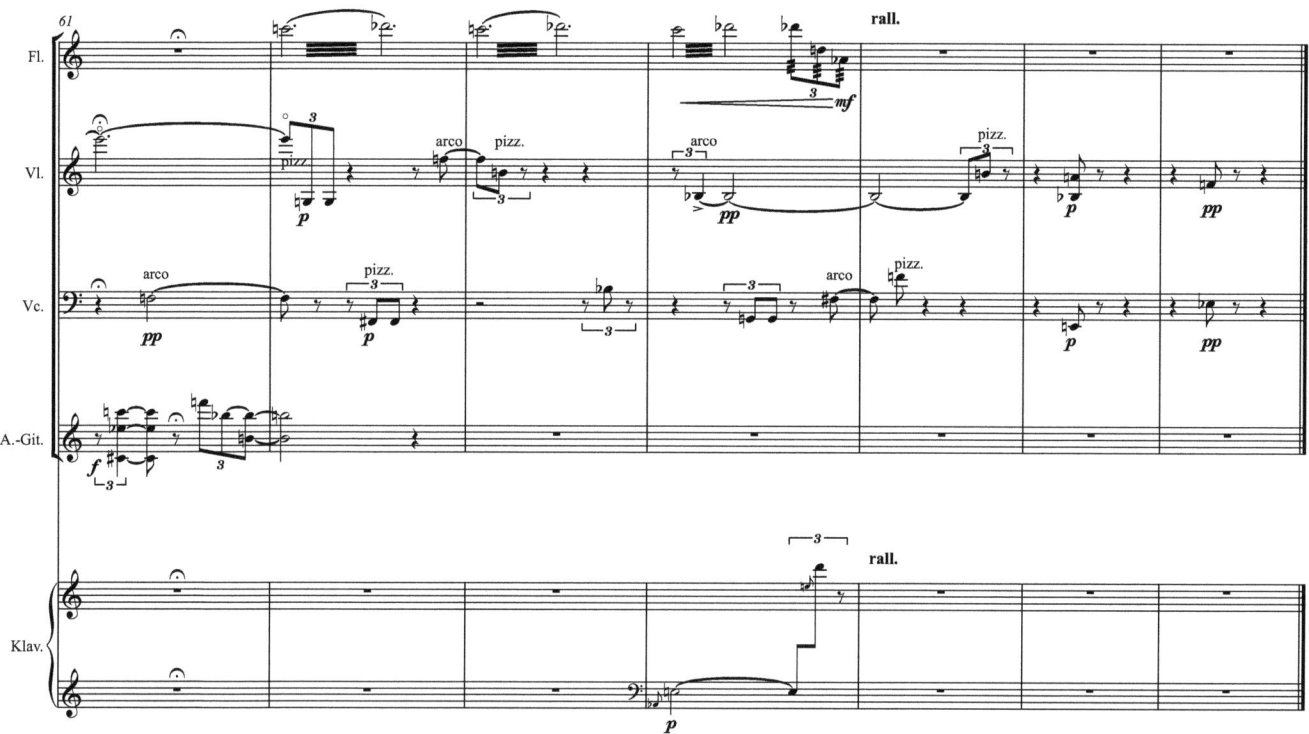

II. Vivace

Allegretto

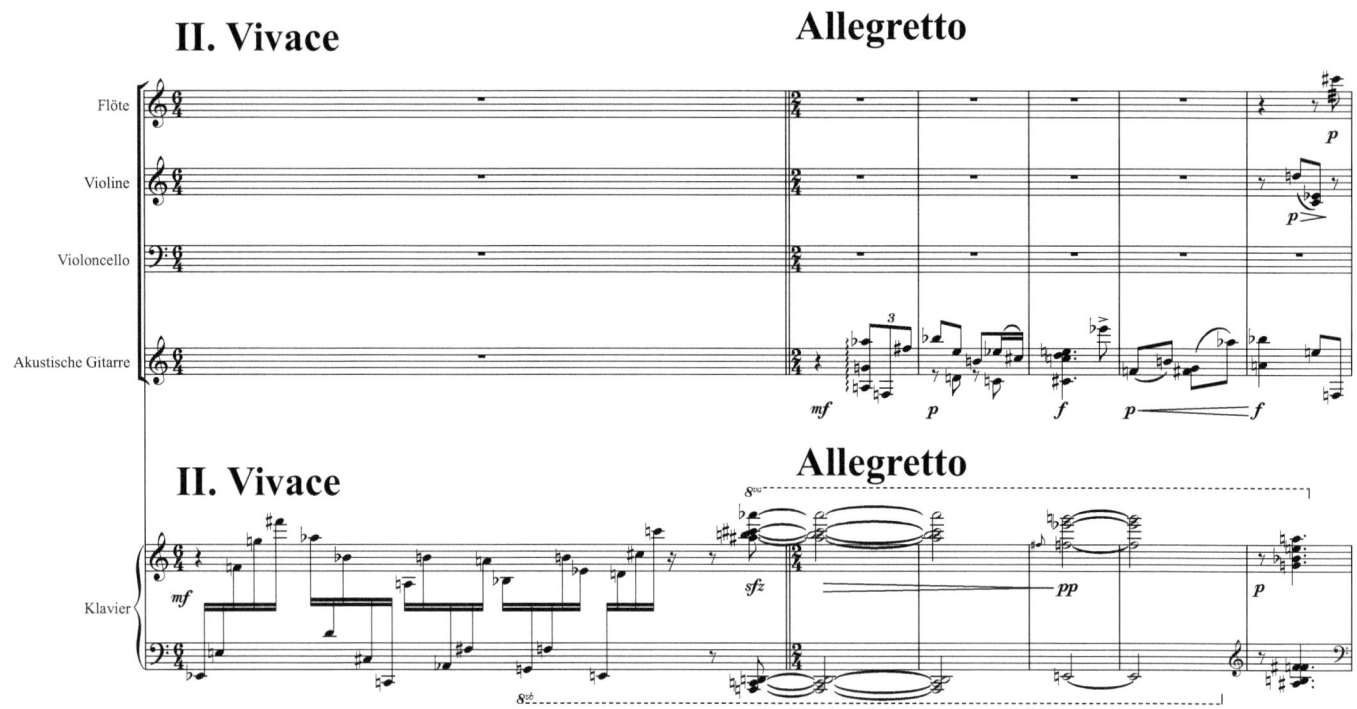

II. Vivace

Allegretto

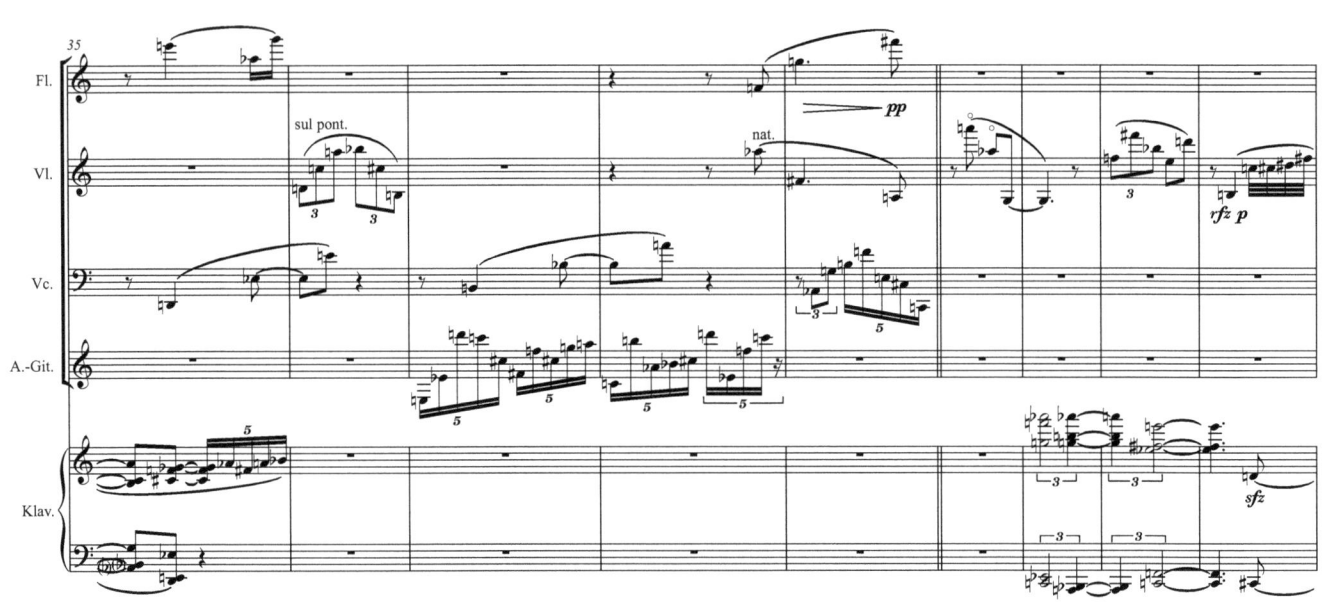

III. Adagio

III. Adagio

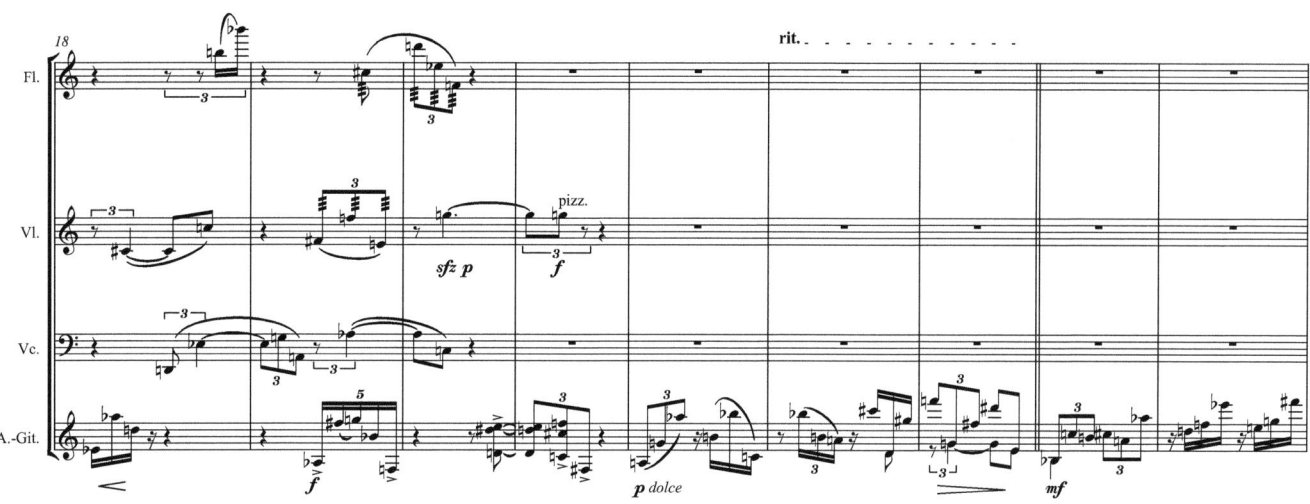

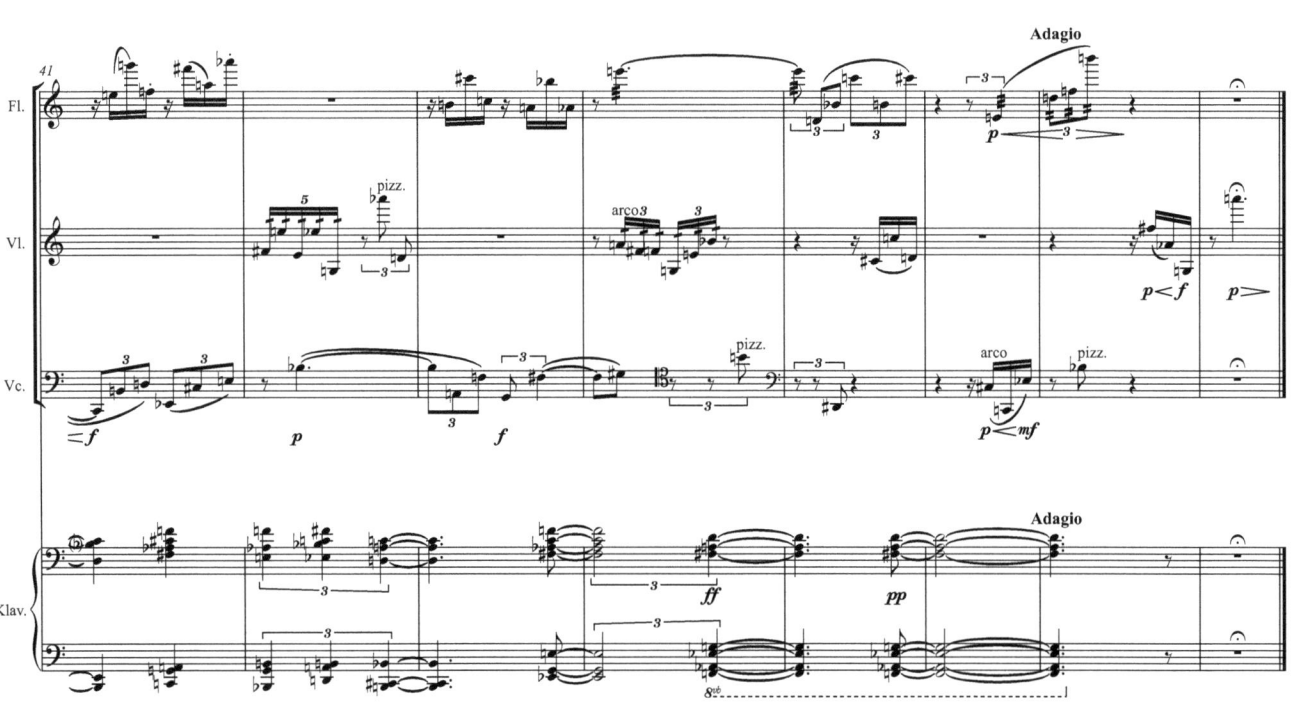

IV. Larghetto espressivo

IV. Larghetto espressivo

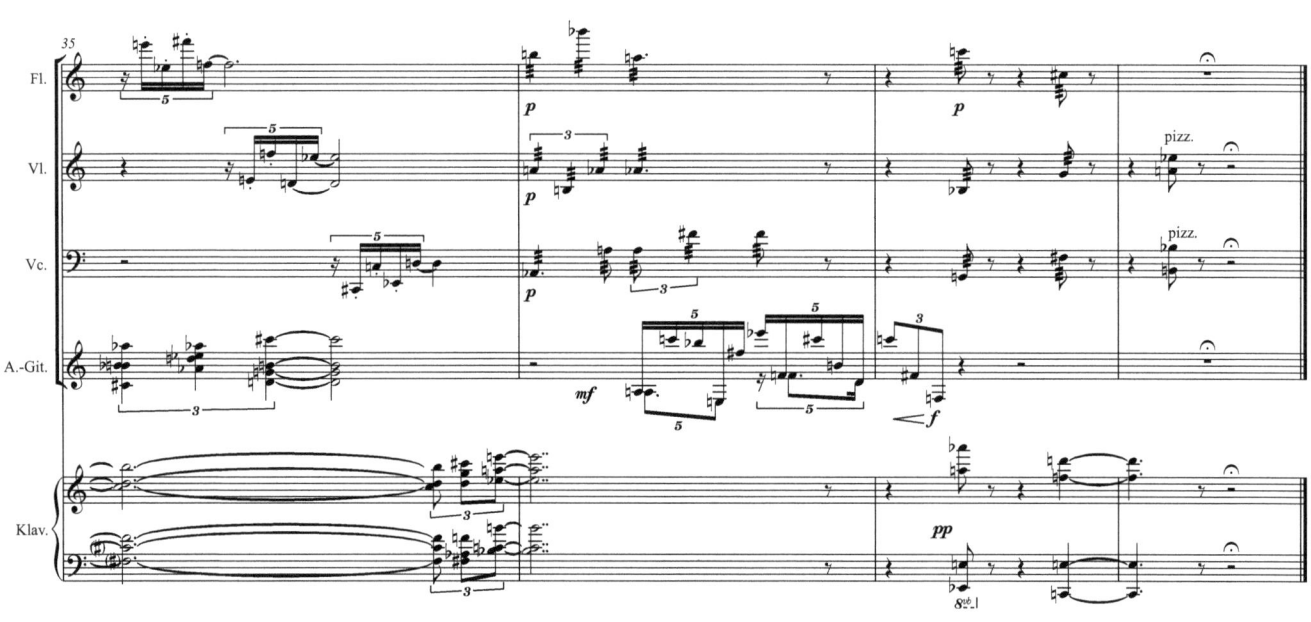

V. Andante con moto

V. Andante con moto

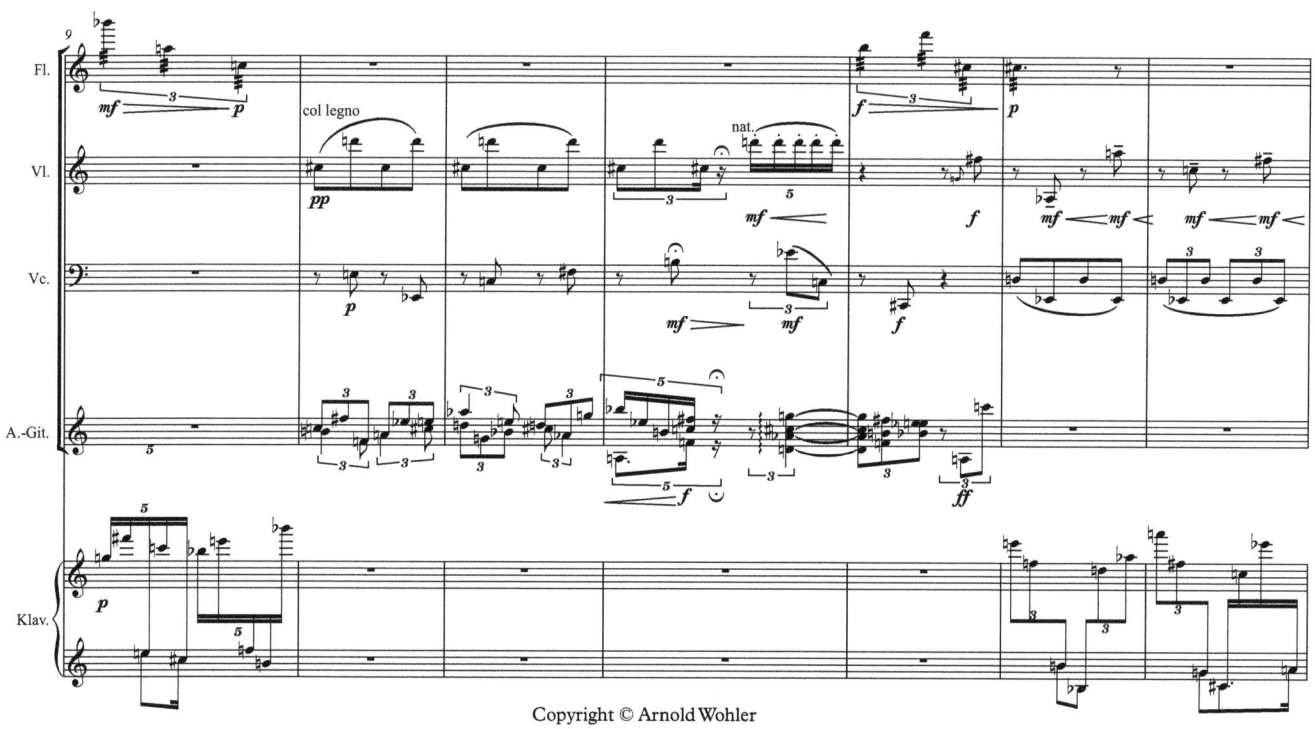

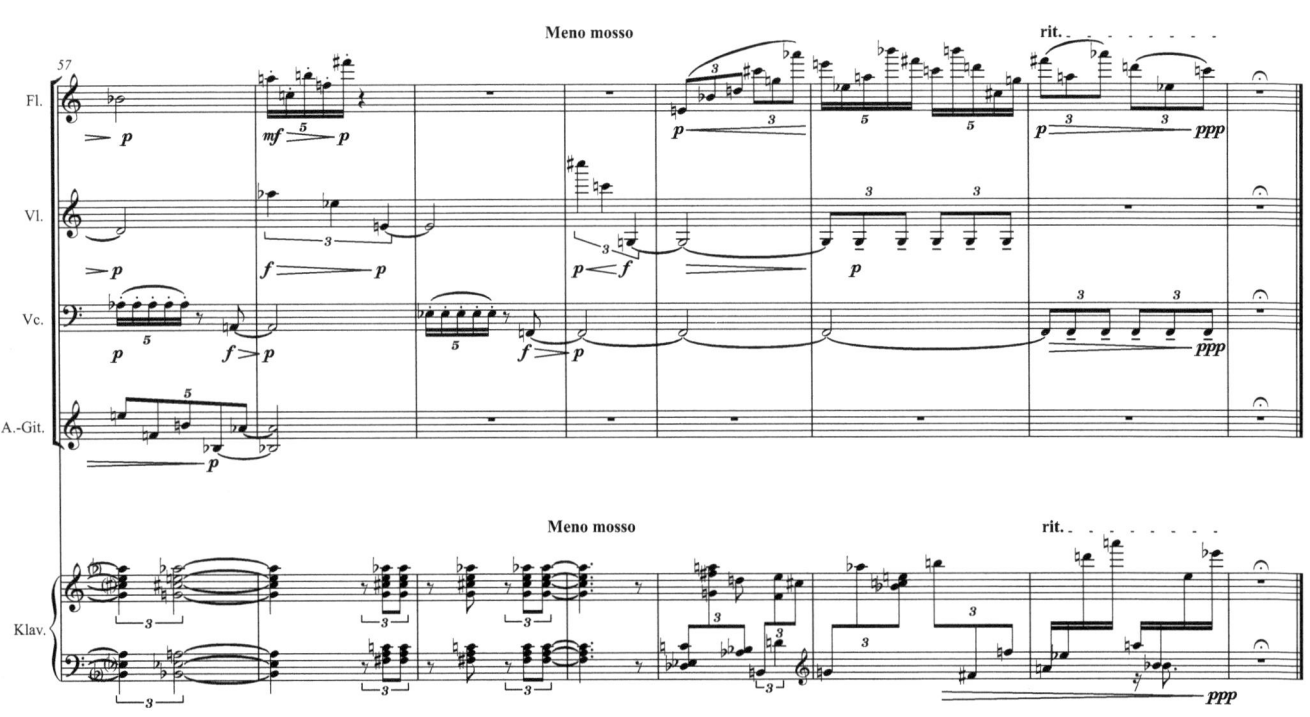